셀렉트 in 런던

SELECT 셀렉트 IN 런던 LONDON

두근두근 설레는 나만의 런던을 위한 특별한 여행 제안

안미영 지음

soran books

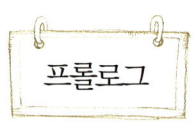

프롤로그

    런던에 도착한 건 2013년 여름, 맑고 파란 하늘에 새하얀 구름이 선명하게 떠 있는, 더없이 청명한 날이었다. 이런 날씨가 며칠이나 지속될지 의심스러울 만큼 날씨에 대한 기대가 전혀 없던 런던이었다. 그런데 며칠 지나지 않아 비가 흩뿌릴 것이라는 예상과 달리 고개를 들면 감탄이 절로 나오는 예쁜 하늘이 2주가 넘게 이어졌다. 환상적인 햇살을 밀어내고 마침내 비가 부슬부슬 내리기 시작한 날, 영국인 친구는 활짝 웃는 얼굴로 내게 말했다. "드디어 진짜 런던에 온 걸 환영해!"

  1년 정도 런던에 살면서 순간순간 친구의 재미있는 환영인사를 떠올린 건 런던녀들이 자신이 살고 있는 도시의 모든 것을 사랑하고 있다는 느낌을 받을 때였다. 심지어 우울함을 불러일으키는 날씨조차 말이다. 런던다움과 취향, 이 두 가지는 런던에서 수없이 복기한 단어였다. 시민의 절반 정도가 외

국인인 거대한 코스모폴리탄 도시면서도 수백 년 동안 한자리를 지키고 있는 명소들이 동네 주민들의 사랑을 받고 있는 도시, 변하는 듯 변하지 않는 이 도시와 그 속에 살고 있는 다양한 사람들의 취향은 흥미로운 주제다. 또한 런던은 진짜 영국적인 것이 무엇인지, 런던의 정체성을 대변하는 '런던다움'은 무엇인지 궁금하게 만들고 들여다보게 만드는 힘을 가진 도시다.

　인생은 매 순간 선택의 연속이다. 한국을 떠나 1년 동안 살아 볼 도시로 런던을 선택한 것처럼 런던에서 한정된 시간 안에 어디를 가고 무엇을 경험하면 좋을지를 결정하는 데에도 수많은 선택의 과정이 필요했다. 농담처럼 말했던 표현대로 '런던 시한부'의 삶을 살았기에 하루하루의 선택이 중요했다. 런던에서 많은 경험을 했지만 크게 후회할 만한 선택은 없었고 오래도록 기억에 남을 만한 선택은 참 많았다. 그렇게 선택한 장소들과 경험들 중에서 특

히 좋았던 것들은 책을 통해 사람들과 나누고 싶었다. 그 결과물이 《셀렉트 in 런던》이다.

  런던을 처음 방문하는 여행자들은 빅벤과 런던아이, 템스강을 중심으로 관광을 한 뒤 웨스트엔드 뮤지컬을 한 편 관람하고 피시 앤 칩스를 맛보는 것으로 영국적인 것을 느껴보려 한다. 좀 더 호사를 부린다면 고든 램지나 제이미 올리버가 운영하는 레스토랑을 찾아가기도 한다. 물론 이런 일정을 통해서도 런던의 분위기를 느낄 수 있겠지만, 조금만 더 깊숙이 다가가 런던의 다른 매력까지도 발견해보라고 권하고 싶다. 현지인이 즐기는 것들을 함께 즐기고 진정한 그곳의 문화를 느낀다면 일상으로 돌아와서도 오래도록 추억할 수 있는 경험이 될 테니 말이다.

  그래서 이 책에는 런던을 처음 방문하는 여행자들을 위한 주요 명소들부터 런더너들에게 사랑받는 일상적 공간과 '리얼 브리티시'를 느낄 수 있는 장소들, 그리고 문화생활을 깊이 있게 즐길 수 있는 곳까지 다양하게 담았

다. 어디를 가든 선택은 독자의 몫이지만, 테마별로 각자의 상황과 취향에 맞는 장소를 찾아다니며 천천히 런더너들의 감성을 느껴보았으면 하는 바람이다.

　여행을 끝내고 그곳을 떠날 때쯤엔 나름의 판단을 하게 된다. 평생 다시 올 것 같지 않은 여행지인지, 어떻게든 기회를 만들어 다시 찾을 것 같은 여행지인지. 나에게 런던이 몇 번이고 다시 찾고 싶은 매력 넘치는 여행지이듯 이 책을 손에 든 독자들도 그러하길 바란다. 첫 만남만으로는 아쉬워 다시 찾고, 두 번째 만났을 때는 새로운 매력에 빠져 또다시 찾고 싶어지는 도시, 가까이 다가갈수록 더 많은 시간을 보내고 싶은 도시가 바로 런던이기 때문이다. 마지막으로, 이 책이 나오기까지의 여정에 나와 함께해 준 런던의 소중한 인연들과 소란출판사에 고운 마음을 전한다.

2015년 여름, 안미영

Contents

- 프롤로그 004
- 여행하기 전에 알아두면 유용한 TIP 012
- 런던 여행의 또 하나의 가이드 | 스마트폰 애플리케이션·웹사이트 020

과거와 현재가 만나는 도시, 런던

- 런던을 상징하는 랜드마크 국회의사당과 빅벤 028
- 도시 한복판에서 오래된 시간의 품속을 걷다 세인트 폴 대성당 033
- 영국 여왕이 사는 곳 버킹엄 궁전 038
- 인류 문명을 집대성한 컬렉션 대영 박물관 043
- 템스를 가로지르는 역사 산책 타워 브리지와 런던 탑 048

공연 관람으로 '런던다움'을 즐기다

- 현대미를 자랑하는, 템스 강변의 복합문화공간 사우스뱅크 센터 058
- 별빛 아래서 즐기는 연극 셰익스피어 글로브 극장 063
- 세계적인 오페라와 발레의 초연 무대 코벤트 가든의 로열 오페라 하우스 067
- 이야깃거리를 간직한 특이한 건축물 바비칸 센터 073

- 영국에서 가장 사랑받는 실내악 공연장 위그모어 홀 078
- 뮤지컬의 본고장 웨스트엔드의 롱 런 뮤지컬과 공연장들 083

고품격 문화산책의 호사를 누리다

- 위대한 회화의 세계에 빠져들기 내셔널 갤러리 092
- 역사 속의 인물들과 만나다 '포트레이트' 레스토랑과 국립초상화미술관 099
- 공장 건물이 감각적인 미술관으로 테이트 모던 104
- 세계 최대의 디자인 & 장식 미술관 빅토리아 앤 알버트 뮤지엄 109
- 영국 대표 화가 터너의 작품들과 만나다 테이트 브리튼 116
- 놓치기 아까운 인상파 회화 컬렉션 코톨드 갤러리 121
- 뜨거운 현대미술의 현장 화이트 큐브 & 사치 갤러리 125
- 소박하고 거칠지만 너무나도 예술적인 공간 작가들의 취향이 담긴 독특한 갤러리들 130

런더너들의 주말 풍경, 마켓을 방문하다

- 런던 최대의 푸드 마켓 버로우 마켓 140
- 빈티지의 매력이 돋보이는 올드 스피탈필즈 마켓 & 브릭레인 마켓 145
- 영화 〈노팅힐〉과 〈패딩턴〉의 촬영지 포토벨로 마켓 153
- 꽃을 든 런더너들 콜럼비아 로드 플라워 마켓 157
- 현지인들이 사랑하는 해크니의 토요일 마켓 브로드웨이 마켓 162
- 예나 지금이나 변함없는 젊은이들의 천국 캠든 마켓 169

쇼핑을 즐기며
나의 취향을 발견하다

- 왕실의 기품이 느껴지는 백화점 해롯 178
- 화사한 패브릭과 디자이너 브랜드 만나기 리버티 185
- 패션 리더들이 모이는 셀렉트 숍 도버 스트리트 마켓 189
- 하루 종일 있어도 지루하지 않은 인테리어 앤티크 숍 라스코 193
- 희귀 음반 쇼핑하기 쇼디치와 해크니의 음반 천국 198
- 종이책의 건재함을 보여주는 도시 런던에서 서점 둘러보기 203

웰컴 투 그린시티

- 잉글리시 로즈와의 향기로운 만남 리젠트 파크 214
- 애프터눈 티를 즐기기 좋은 켄싱턴 가든 220
- 천문대를 품고 있는 광활한 공원 그리니치 파크 225
- 자연 속에서 렘브란트의 명작 찾기 햄스테드 히스와 켄우드 하우스 230
- 오랜 역사를 자랑하는 왕립 공원 세인트 제임스 파크 236

런던에서
리얼 브리티시를 맛보다

- 가장 영국적인 음식 피시 앤 칩스 244
- 100년 넘은 맛집에서 즐기는 파이 앤 매시 248
- 영국 음식의 현재를 보여주는 브리티시 레스토랑 252
- 빵맛 아는 이들의 단골집 런던의 유명 베이커리 258
- 커피 애호가들이 극찬하는 로스터리 커피숍 264

단골들로 붐비는 펍과 바는 따로 있다

- 활기찬 분위기의 수제 맥주집 이스트 지역 젊은이들의 아지트 274
- 록 스타의 아들이 운영하는 맥주 양조장 비버타운 브루어리 279
- 런던에서 가장 높은 바 오블릭스 284
- 예술적 감성의 바텐딩 런던의 '월드 베스트 바' 289
- 와인 향으로 가득한 도시 런던의 소믈리에들이 추천하는 와인바 295

생동하는 도시, 언제라도 즐거운 런던

- 세계 최대 여름 클래식 페스티벌 BBC 프롬스 304
- 공원에 자리잡은 자연 속 미술시장 프리즈 아트페어 309
- 런던의 문이 열리다 오픈 하우스 런던 313
- 가을 날에 열리는 영국 최대 영화 축제 BFI 런던국제영화제 318
- 런던의 대표적인 주류 축제 런던 와인 위크 & 런던 칵테일 위크 322

- 가격대별 숙박 정보 327
- 런던 지하철(튜브) 노선도 / 런던의 주요 버스 노선도 331

> 여행하기 전에
> 알아두면 유용한 TIP

● **의외로 적응 가능한 런던 날씨**

이른 아침부터 밤까지, 런던의 날씨는 하루에 사계절의 옷을 모두 입어볼 수 있을 정도로 변화무쌍하다. 잔뜩 구름 낀 하늘에 비가 내릴 때는 처연하기 그지없는 겨울 날씨지만 잠시라도 해가 나면 화창하디 화창한 여름 날씨다. 변덕스러운 날씨 때문에 옷을 준비하기 까다로울 거라고 생각할지 모르지만 의외로 간단하다. 비가 내리더라도 부슬비인 날이 많은 데다가 워낙 바람이 많이 부는 도시이기 때문에 갑작스런 비에 우산을 펼쳐 드는 사람보다 옷에 달린 모자를 올려 쓰는 사람이 더 많이 눈에 띈다. 런던을 여행할 때는 계절과 무관하게 가볍고 따뜻한 후드 점퍼 하나 정도는 챙기는게 좋다. 체감 온도 변화가 크기 때문에 얇은 머플러나 가디건도 유용한 아이템이다. 여행 일정은 날씨를 고려하여 비가 계속 내릴 것 같은 날에는 미술관이나 백화점 쇼핑 등 실내 관광을 하고, 화창한 날 공원과 마켓에 가는 등 유연하게 대처하면 된다.

● 여행하기 좋은 계절은?

이 책에 소개한 장소들은 계절과 크게 상관없는 곳들이 대부분이다. 언제든 각자의 취향에 맞게 찾아가면 된다. 하지만 여행자들에게 성수기와 비수기는 분명히 존재한다. 겨울은 해가 빨리 지고 특히 11~1월에는 오후 4시면 어두워지기 때문에 여행하기에 좋은 계절은 아니다. 하지만 크리스마스를 즈음해 대대적인 세일 기간이 시작되고, 상대적으로 관광객들이 적어 한적하다는 장점도 있다. 한국과 달리 한겨울이라 해도 기온이 영하로 내려가는 일은 거의 없는 대신 흐린 날이 많은 편이다. 그래서 보통 런던을 여행하기 좋은 시기는 4~10월 경이고 그중에서도 가장 활기 넘치는 시기는 6~9월이다.

● 런던은 안전한 도시일까?

런던은 유럽의 많은 대도시들에 비해 훨씬 안전한 도시다. 하지만 유럽의 소매치기들은 국가를 이동해 다니며 놀라운 수법으로 많은 여행객들을 울린다는 사실을 잊어서는 안 된다. 런던에서도 관광객으로 보이는 이들을 노리는 시선은 분명히 존재한다. 사람이 많은 시내 중심가와 튜브 안, 붐비는 카페 등에서는 소지품을 챙기는 데 각별히 유의해야 한다. 특히 카페 테이블 위에 스마트폰을 올려둔다면 표적이 되기 쉽다. 떠나기 전 여행자보험 가입은 필수고, 도난 상황에 대비해 여권 사본과 여분의 증명사진을 준비해 가는 것이 좋다. 불행히도 도난 사고를 당했다면 근처 경찰서를 방문해 폴리스 리포트를 작성하고 복사본을 보관해 두어야 귀국 후 보험회사에 제출해 보험금을 받을 수 있다.

● 런던의 교통 시스템

런던에서는 지하철을 '튜브tube'라고 한다. 한국에서 출발하면 보통 히드로 공항에 도착하고, 이 공항에서 런던 시내까지는 튜브로 이동이 가능하다. 언더그라운드로 가서 오이스터 카드를 구입하고 런던에서 머물 기간을 고려해 적당한 금액 또는 시즌권을 충전해 이용하면 된다. 오이스터 카드를 이용하면 교통요금 할인을 받을 수 있으므로 꼭 만드는 것이 좋다. 충전하는 것을 'top-up', 이용할 때마다 충전 금액이 빠져나가는 것을 'pay as you go'라고 하고, 시즌권은 'travel cards'라고 한다. 오이스터 카드로 런던의 튜브와 버스를 모두 이용할 수 있으며, 처음 오이스터 카드를 만들 때 드는 비용 5파운드는 런던을 떠날 때 반납하면 환불을 받을 수 있다. 만약 공항에서 시내까지 내셔널 익스프레스 같은 공항버스coach를 이용하고 싶다면 별도 비용을 지불하고 티켓을 끊으면 된다.

● 목적지 검색은 포스트 코드로

이 책에서 추천하는 장소들은 모두 연락처와 주소, 오픈 시간을 표기했다. 주소에서 알파벳과 숫자가 섞인 5~7자리의 포스트 코드는 위치 검색 시 아주 유용하다. 〈런던 여행의 또 하나의 가이드〉에 따로 소개한 시티매퍼 같은 애플리케이션을 이용해 상호를 검색했을 때 나오지 않거나 여러 장소가 검색되면 포스트 코드로 검색해 정확한 위치를 찾을 수 있다.

● **환전과 파운드 사용**

수수료를 생각했을 때 한국의 은행에서 환전을 해가는 게 가장 좋지만 장기 여행자라면 큰 금액을 현금으로 가지고 가는 게 부담스러울 수 있다. 며칠간 적당히 쓸 정도의 파운드를 환전해 간 뒤 현지에서는 신용카드를 적절히 사용하거나 현금카드로 ATM에서 바로 파운드를 인출해 사용해도 된다. 이 경우에는 인출 금액에 따른 수수료 외에 1회당 기본적으로 붙는 수수료가 있기 때문에 한번 인출 시 필요한 최대 금액을 찾는 게 수수료를 절약하는 방법이다. 또 주변 유럽 국가를 함께 여행한 까닭에 유로를 파운드로 환전해야 한다면, 시내 중심가에 있는 환전소들을 이용해도 된다. 단, 환율과 수수료를 제각기 적용하므로 최소 두세 군데 이상의 환전소에 들어가 비교해 볼 필요가 있다.

● **데이터를 맘껏 이용하고 싶을 땐**

런던에도 점차 와이파이 가능 지역이 늘어나고 있다. 카페나 펍 중에는 와이파이 가능 여부를 문에 붙여둔 경우가 많은데, 약간의 불편을 감수한다면 로밍을 하거나 현지 통신사를 이용하지 않더라도 런던 곳곳에서 쉽게 무료 와이파이를 이용할 수 있다. 하지만 길거리에서도 마음껏 데이터를 이용하고 싶다면 현지에서 유심칩을 구입해 사용하는 것이 가장 합리적이다. 영국은 통신 요금이 한국보다 훨씬 저렴해 15~20파운드 정도면 한 달 내내 데이터를 무제한으로 사용할 수 있다. 특히 런던에 오래 머물 예정이라면 처음부터 유심칩을 사서 현지 통신사를 마음껏 이용하는 것이 좋다. 일반적으로 런던 시내에서 가장 많이 만날 수 있는 통신사는 쓰리$^{Three.}$ 3다. 공항이나 슈퍼마켓 등에서도 유심칩을 판매하므로 어디서든 쉽게 구입할 수 있는데 슈퍼마켓을 제외하곤 판매처 직원이 직접 유심칩을 교체해주고 세팅까지 도와준다. 참고로 런던에서는 어떤 통신사를 이용하든 언더그라운드에서는 전화나 문자 수신이 거의 되지 않고 데이터 이용이 불가능하므로 튜브로 이동 중일 때 스마트폰을 들여다볼 일이 거의 없다.

● **팁 때문에 망설여질 땐**

여행을 하면서 작은 고민이 생길 때가 팁을 내야 하는 상황이다. 레스토랑에서는 보통 10~15퍼센트의 팁을 내는 것이 일반적인데, 요즘 런던의 많은 식당에서는 청구서에 미리 팁을 포함시켜 둔 경우가 많다. 청구 금액을 확인한 뒤 팁이 포함된 경우라면 따로 낼 필요가 없고, 그렇지 않은 경우에는 거스름돈을 가져가지 않거나 동전을 남겨두는 방식으로 팁을 내기도 한다.(약 3500원에 해당하는 2파운드 단위까지도 동전이기 때문에 동전을 남겨두고 가는 것만으로도 적당한 팁을 지불한 게 될 때가 많다.) 호텔에서는 룸에 매일 1파운드 정도의 팁을 남겨두고 택시에서는 잔돈으로 팁을 대신하는 것이 일반적이다. 펍이나 카페에서는 팁을 내지 않아도 되는데 자유롭게 내고 갈 수 있도록 바나 카운터 위에 작은 통을 마련해 둔 곳도 많다.

● 문화생활을 위한 준비

런던 여행에서 빠지지 않는 것이 갤러리를 방문하고 뮤지컬을 관람하는 등의 문화생활이다. 그러므로 뮤지엄 오픈 시간을 미리 확인하거나 공연 티켓을 예매하는 것은 기본이다. 런던의 미술관과 갤러리들은 무료 입장인 곳이 대부분이므로 관람 시간만 잘 확인해 방문하면 된다. 주요 미술관들은 목~토요일에는 저녁 늦게까지 문을 열어 관람객들에게 'museum night'을 선사한다. 런던에서 뮤지컬이나 음악회, 발레, 오페라 그리고 BBC 프롬스 같은 페스티벌을 관람하고 싶다면 각 홈페이지를 통해 미리 티켓을 예매해 두면 좋고, 매진이라 해도 현지에서 티켓을 구할 수 있는 방법은 많다. 가장 대표적인 것이 아침에 공연장 입구에 줄을 서 당일 티켓을 구하는 것인데 사전 예매보다 가격 대비 좋은 좌석인 경우가 대부분이므로 '티켓 득템'의 기회를 염두에 두고 움직이면 좋다.

● 같은 날 방문하기 좋은 코스

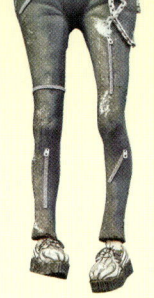

1 | 템스 강변

더 샤드 — 버로우 마켓, 몬머스 커피 — 셰익스피어 글로브 극장 — 테이트 모던 갤러리 — 사우스뱅크 센터

2 | 트라팔가 광장, 코벤트 가든

버킹엄 궁전 — 세인트 제임스 파크 — 내셔널 갤러리 — 국립초상화미술관 — 국회의사당과 빅벤 — 코톨드 갤러리 — 로열 오페라 하우스

3 | 중심가

도버 스트리트 마켓 — 리버티 — 앤드류 에드먼즈 — 골든 유니언 — 위그모어홀 — 안티도트 또는 아테장

4 | 이스트 지역(쇼디치)

올드 스피탈필즈 마켓 & 브릭 레인 마켓 — 러프 트레이드 — 브릭 레인 북숍 — 올 프레스 에스프레소 — 업스테어스 앳 더 텐 벨즈

5 | 이스트 지역(해크니)

브로드웨이 마켓, 클림슨 앤 손스 — E5 베이크 하우스 — 런던 필즈 브루어리 — 바이닐 펌프 — 크레이트 브루어리

6 | **웨스트 지역**

켄싱턴 가든 — 해롯 — 로열 알버트 홀 — 빅토리아 앤 알버트 뮤지엄 — 사치 갤러리 — 파이브 필즈

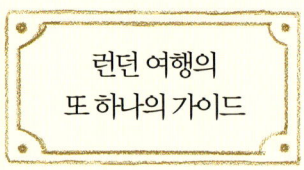

런던 여행의
또 하나의 가이드

● 스마트폰 애플리케이션 _ 길치라도 문제없다!

London Official City Guide

런던에 대한 소개와 함께 유명 관광지 정보를 담고 있으며 현지 날씨와 같은 꼭 필요한 정보를 알려준다. 또 현재 위치에서 가까운 관광명소와 레스토랑, 카페를 안내해 주고 데이터를 사용하지 않을 때도 지하철 노선도 tube map 같은 기본적인 정보를 제공해 준다.

London Official Event Guide

런던에서 지금 어떤 이벤트가 벌어지고 있는지 손쉽게 알 수 있는 애플리케이션이다. 지도 위에 이벤트 장소가 표시되어 있고, 터치하면 그 행사에 대한 정보가 바로 뜨기 때문에 가까운 곳에 있는 볼거리를 즉석에서 찾을 수 있다.

Citymapper London

기본적인 기능은 구글맵과 동일하다. 구글맵이 세계적인 지도라면 시티매퍼는 몇몇 대도시에만 제공되는 서비스다. 몇 가지 기능에 익숙해지면 그만큼 이용하기 편리하고 정확도도 높은 편이다. 교통요금을 적게 내는 경로, 최단시간 경로, 비를 피하는 'rain safe' 경로 등 꼼꼼한 길 안내가 특징이다.

Riverside London
런던 브리지, 뱅크사이드, 사우스뱅크 등 템스 강 주변의 볼거리들을 집중적으로 소개하는 애플리케이션이다. 볼거리와 쇼핑, 먹거리, 할인정보가 포함되어 있고 지도로 위치를 확인할 수 있다.

London Bus Checker
대중교통 애플리케이션으로 시티매퍼가 아주 유용하지만, 버스를 주로 이용할 경우 추가로 버스 체커 앱을 다운로드해 두면 좋다. 앱을 실행시키면 현재 위치를 중심으로 주변 버스 정류장들이 표시되고 버스 노선 정보가 제공된다.

Regent Street
쇼핑 거리인 리젠트 스트리트에 어떤 브랜드가 있는지 알려주며 지도 위에 매장 위치가 표시된다. 특정 브랜드를 찾을 때 유용하고, 앱을 활용해 선호 브랜드를 중심으로 쇼핑 계획을 세우기 좋다.

London Coffee Guide
런던 어디에서든 이 앱을 실행시키면 주변에 갈 만한 카페 정보가 뜬다. 간단한 정보와 함께 커피 맛을 평가한 별점이 뜨는데 별 세 개 반 정도면 믿고 가도 좋을 정도고 네 개면 커피 맛이 아주 훌륭할 거라고 생각해도 좋다.

● 웹사이트 _ 궁금한 건 다 있다!

Visit London | www.visitlondon.com

런던 가이드의 공식적인 종합세트라고 생각하면 된다. 지역에 대한 궁금증이나 최신 소식, 곳곳에서 열리고 있는 행사 정보, 여행자들에게 인기 있는 장소 등을 소개한다.

Time Out London | www.timeout.com/london

알찬 도시정보로 유명한 '타임아웃'의 런던 버전. 공연장, 레스토랑, 각종 이벤트 소식과 티켓 할인 정보를 담고 있어 여행객뿐만 아니라 현지인들도 종종 들러 확인하는 웹사이트다. 애플리케이션도 있으니 스마트폰에 다운받아 두면 유용하다.

Transport for London | www.tfl.gov.uk

런던에서 공식적으로 제공하는 교통정보가 담겨 있다. 지하철의 경우 주말이면 공사 때문에 일부 구간을 차단하거나 운행을 중단하기도 하므로 정상운행 여부를 확인하는 게 좋다. 메인화면의 'Plan a Journey'를 통해 목적지까지 가는 방법을 쉽게 확인할 수 있다.

Londonist | www.londonist.com

'런던에서는 지루할 일이 없다'는 모토 아래 카테고리별로 정보를 제공한다. 메인화면에는 매일 그날의 볼거리들이 소개돼 있어 오늘 뭘 할지 즉흥적인 결정을 할 때 도움이 된다.

Secret London | www.secret-london.co.uk

'타임아웃'보다 좀 더 세부적인 정보를 담고 있다. 메인화면 왼쪽에 런던의 여러 지역 리스트가 나열되어 있고 클릭하면 해당 지역의 볼거리를 추천한다. 런던을 꼼꼼하게 둘러볼 여행자들에겐 더없이 훌륭한 웹사이트다.

Open Table London | www.opentable.co.uk

온라인으로 편리하게 레스토랑을 예약할 수 있는 사이트다. 고급 레스토랑 정보가 많고 각종 프로모션 소식도 확인할 수 있다. 미식가들의 별점과 리뷰가 많아 예약 전 각 레스토랑에 대한 평가를 살펴보기 좋다.

과거와 현재가
만나는 도시, 런던

도시 곳곳에 스민 시간의 향기

런던을 가장 잘 설명하는 단어를 꼽으라면 '역동성'과 '클래식함'을 들 수 있다. 두 단어가 모순되는 듯하지만 런던에서라면 그렇지 않다. 다양한 국적의 사람들이 모여 사는 이 국제도시에서 처음 느껴지는 것은 분주한 분위기지만 조금만 더 깊이 다가가보면 이 도시가 과거의 소중한 가치를 얼마나 공들여 지켜가고 있는지 발견하게 된다.

낯선 도시와 만나 친근해지는 방법은 사람마다 다르다. 소위 관광명소라 불리는 곳에 가더라도 한 개인과 그 장소가 만나는 순간은 언제나 특별하다. 런던의 풍경 속에, 그리고 시간의 흔적이 켜켜이 쌓인 역사적인 공간 속에 지금 현재의 시간을 천천히 아로새기면서 가만히 귀를 기울여 보면 런던이라는 도시가 들려주는 오래된 이야기가 들릴 것이다.

Select 01

런던을 상징하는
랜드마크
국회의사당과 빅벤
Big Ben

한국에서 휴가를 내고 런던을 방문한 친구가 말했다. 짧은 일정 중에 가장 먼저 하고 싶은 것은 진짜 런던을 느낄 수 있는 풍경을 보는 일이라고. 나는 갤러리와 공원, 마켓 등 추천하고 싶은 장소는 많았지만 '런던 풍경'이라는 말을 듣는 순간, 1순위 추천 장소가 바로 떠올랐다. 망설일 것도 없이 내가 추천한 곳은 웨스트민스터 지역에 자리한 국회의사당과 대형 시계탑 빅벤Big Ben이다. 런던을 한번도 방문해 보지 않았거나 이름을 들어본 적 없는 사람이라도 한번쯤은 사진으로 접해 보았을 런던의 대표적인 풍경이기 때문이다. 처음 런던을 방문한 이들이라면 한번쯤 꼭 실물을 보고 싶어하는 '런던의 아이콘'이라 해도 과언이 아니다.

그렇다면 런던 사람들에게 이곳은 어떤 장소일까. 나는 이 건축물이야말로

매일 보더라도 늘 신선한 묘한 존재라고 말하고 싶다. 일부러 찾지 않아도 우연히 근처를 지나다가 눈앞에 웅장한 시계탑이 나타나면 작은 탄성을 지르게 된다. 파란 하늘과 흰 구름이 선명한 대비를 이루는 청명한 날이나 비구름이 잔뜩 끼었다가 부슬비가 내리는 날, 혹은 날씨가 변덕스러운 날이라도 국회의사당 건물과 빅벤의 다양한 매력은 끝이 없다. 런던의 국회의사당을 주제로 연작을 그린 화가 클로드 모네는 〈천둥이 치는 날의 런던 국회의사당〉이라는 신비스러운 분위기의 작품도 남겼다. 그러므로 런던 체류 중 "그곳에 언제 가는 게 좋을까?"라고 묻는다면 대답은 간단하다. 언제든! 낮에는 다이내믹한 하늘 아래 건물의 세밀한 디테일까지 볼 수 있어 좋고, 밤이 되면 아름다운 조명이 연출해 내는 근사한 야경이 비현실적인 기분마저 느끼게 해주

어 좋다고.

  국회의사당은 본래 왕실 건물로 사용되던 웨스트민스터 궁전이었던 곳으로, 역사적으로도 중요한 의미가 있다. 민주주의의 토대를 세우고 세계 최초의 의회민주주의를 실현한 국가가 영국이라는 사실을 떠올려보면 이 건물은 건축미 이상의 의미를 지닌 셈이다. 1065년 완공된 웨스트민스터 궁전은 약 450년간 왕실로 사용되었고 이후 국회의사당으로 사용되기 시작했다. 1834년 화재로 대부분의 건물이 소실되었으며 현재와 같이 지붕이 뾰족한 고딕 양식 건축물로 완공된 것은 1860년이다. 중앙 홀을 경계로 남쪽은

웨스트민스터 궁전

- | Westminster, London, SW1A 0AA
- | +44 (0)20 7219 3000
- Tube | 웨스트민스터(Westminster) 역에서 도보 2분
- Bus | 148, 211, 24, 3, 11, 12, 53, 87, 159, 453 등을 타고 웨스트민스터 스테이션(Westminster Station)에서 하차

상원, 북쪽은 하원 의사당인데, 내부에 총 1100여 개의 방이 자리 잡았을 정도로 규모가 어마어마하다. 국회의사당은 건물 내부의 일부를 볼 수 있는 가이드 투어를 마련하고 있는데, 영국 국민이라면 관할 지역의 국회의원이 직접 무료로 가이드 투어를 해주는, 우리로서는 다소 놀라운 프로그램을 이용할 수 있다. 다만 예약 경쟁이 아주 치열해서 6개월 전에 마감되곤 하므로 원하는 시기에 맞춰 예약을 서두르는 게 좋다. 관광객들의 경우 온라인을 통해 유료 투어 예약을 할 수 있다.

이 건물 중에서 가장 유명한 것이 바로 웨스터민스터 궁전 재건축 당시 북쪽에 세워진 약 98미터 높이의 시계탑, 빅벤이다. 2012년 엘리자베스 여왕 즉위 60주년을 기념해 이 시계탑에 엘리자베스 타워Elizabeth Tower라는 정식 명칭이 붙여졌다. 빅벤은 시계탑에 있는 종에 대한 별칭이지만 사람들은 흔히 시계탑 자체를 빅벤이라고 부르곤 한다. 올려다봤을 때 그 크기가 가늠되지는 않지만 탑에 설치된 종의 무게는 13.5톤, 시계 한 면의 길이는 7m나 된다. 시계는 아주 정확하고, 종소리의 웅장함도 유명하다. 연말 즈음에 런던에 머무르게 된다면 12월 31일에는 꼭 이곳에 가보길 권한다. 우리나라에서 보신각 종소리를 듣기 위해 시민들이 광화문으로 모이듯 런던에서는 빅벤이 그런 역할을 하기 때문에 국회의사당 건물 앞은 새해를 축하하는 사람들로 붐빈다. 인파 속에 서서 색색의 화려한 불꽃이 터지는 하늘을 배경으로 우뚝 솟은 빅벤의 야경을 보고 있노라면 타지에서 느낄 법한 외로움은 사라지고 따스하고 충만한 기분에 사로잡힐 것이다.

도시 한복판에서
오래된 시간의 품속을 걷다

세인트 폴 대성당
St Paul's Cathedral

유럽의 도시들 중에는 역사적 의미가 깃든 건물이 도시의 중심에 자리한 것이 드문 일은 아니다. 하지만 수백 년 동안 자리를 지키고 있는 오랜 건축물과 국제도시의 위상에 어울리는 현대적인 빌딩들이 조화로운 도시경관을 이루고 있는 곳으로 런던만한 곳은 찾기 어렵다. 과거와 현대가 공존하고, 그 속에서 다양한 문화를 형성하며 살고 있는 사람들의 모습이야말로 현재의 런던을 가장 잘 표현할 수 있는 풍경이다.

유럽의 대표적인 성당 중 하나로 꼽히는 세인트 폴 대성당 St Paul's Cathedral 은 정장 차림을 한 런더너들의 바쁜 발걸음이 오가는 금융 중심지 근처에 자리 잡고 있다. 멀리서 봐도 우뚝 솟은 둥근 돔 건축물이 눈에 띠며, 템스 강을 사이에 두고 테이트 모던 미술관과 셰익스피어 글로브 극장을 마주하고 있

세인트 폴 대성당 외관(정면)

어 여행자들의 발걸음이 자연스레 이어지기도 한다. 세인트 폴 대성당에서는 1965년 윈스터 처칠의 장례식과 1981년 찰스 왕세자와 다이애나 비의 결혼식이 거행되는 등 영국의 국가적인 행사들이 열렸다. 그런데 사실 이 성당에는 아픈 역사가 있다. 1666년, 5일 동안 런던 가옥의 80퍼센트 이상을 불태웠던 런던 대화재 당시 세인트 폴 성당도 완전히 파괴되었다. 그리고 화재 이후 도시 재건을 맡은 크리스토퍼 렌 경에 의해 지금의 성당이 재건되었다. 공사는 1675년 착수해 1710년 완공되었으며 지금까지 영국 건축사에 기록적인 건축물로 남아 있다. 제2차 세계대전 때 성당 일부가 또 한 번 피해를 입었지만 1958년 복구되었다.

　세인트 폴 대성당은 미사가 있는 일요일을 제외하고, 월요일부터 토요일까지 대중에게 공개된다. 웅장한 내부의 건축 양식을 돌아본 뒤 지하로 내려가

전망대 골든 갤러리에서 본 런던 풍경

면 넬슨 제독과 웰링턴 공작, 나이팅게일 등 영국 위인들의 묘가 안치되어 있다. 그리고 성당 꼭대기 전망대인 골든 갤러리Golden Gallery를 향해 올라가다 보면, 반대편에서 속삭이는 소리까지 들리는 위스퍼링 갤러리Whispering Gallery가 있는데 이곳에 잠시 앉아 성당 내부 전체를 조망하고 신비로운 울림을 느껴 볼 수 있다. 여기서 점점 좁아지는 계단을 271개 더 올라가면 마침내 런던 전체를 훤히 내려다볼 수 있는 골든 갤러리에 다다른다. 나는 구름이 잔뜩 드리워진 잿빛 하늘이 두드러진 어느 날, 세인트 폴 대성당의 골든 갤러리에 올라간 적이 있다. 우울하리만치 흐린 날이었지만 그곳에 서서 내려다본 도시의 모습은 꾸밈없는 런던의 민낯 같았고, 흐린 날의 런던 풍경이 얼마나 운치 있고 매력적인지 새삼 느꼈다.

　가끔은 미사나 관광 말고 다른 방식으로 세인트 폴 대성당 내부를 볼 수

> **세인트 폴 대성당**
>
> 📍 | St. Paul's Churchyard, London, EC4M 8AD
> ☎ | +44 (0)20 7246 8350
> Tube | 세인트 폴(St. Paul's) 역에서 도보 3분
> Bus | 4, 11, 15, 23, 25, 26, 100, 242 등을 타고 세인트 폴 대성당(St. Paul's Cathedral)에서 하차
> 🕐 | 오전 8시 30분~오후 4시 30분

있는 기회도 있다. 2014년 7월 시티 오브 런던 페스티벌 City of London Festival 때 이 성당에서 열린 런던 심포니 오케스트라의 공연을 관람했는데, 공연장과는 한층 다른 소리의 울림에 성스러운 느낌까지 더해져 특별한 분위기가 연출되었다.

　세인트 폴 대성당 근처에는 60여 개의 숍과 여러 개의 레스토랑이 자리한 원 뉴 체인지 One New Change라는 큰 쇼핑센터가 있다. 2010년 지어진 이 빌딩의 옥상 테라스에 올라가면 세인트 폴 대성당을 아주 가깝게 느낄 수 있다. 또 근처에는 늦은 시간까지 직장인들로 붐비는 펍도 많다. 활기 넘치는 상업지구 한가운데 자리한 유서 깊은 건축물인 세인트 폴 대성당은 과거와 현대가 어우러진 오늘날 런던의 모습을 가장 잘 느낄 수 있는 장소 중 하나다.

영국 여왕이
사는 곳
버킹엄 궁전
Buckingham Palace

재미있는 영화 이야기부터 해보자. 영화 〈패딩턴〉은 페루에서 온 곰이 런던의 한 가정에 융화되어 가는 모습을 통해, 이민자들이 다문화를 이루며 살아가는 런던의 현실을 흥미롭게 반영하고 있다. 나는 이 영화를 관람하며 스크린에 담긴 런던 곳곳의 명소를 찾아보는 재미를 누렸다. 빨간 전화박스나 이층버스, 빅벤과 타워 브리지 등 런던 배경의 다른 영화에서도 볼 수 있었던 풍경은 물론, 백인들이 주로 거주하는 한적한 주택가 골목, 사우스 켄싱턴에 자리한 자연사 박물관 내부 등 기억에 생생한 런던 구석구석의 장면들을 보며 즐거움에 빠졌다. 〈해리 포터〉 시리즈 덕분에 런던 킹스크로스 역 '9와 3/4 플랫폼'이 관광객들에게 인기인 것처럼 조만간 주인공 곰이 처음 도착한 패딩턴 역 또한 인기를 끌지 않을까? 〈패딩턴〉에서 버킹엄

궁전 앞에 선 근위병과 패딩턴이 짧은 시간 따스한 만남을 갖는 장면은 특히 인상적이다. 이때 버킹엄 궁전Buckingham Palace의 멋진 외관이 등장한다.

영국 왕실의 상징인 버킹엄 궁전이 자리한 곳은 그린 파크로, 세인트 제임스 파크, 빅토리아 역과 가까운 런던 중심가다. 본래 1703년 버킹엄 공작의 저택인 '버킹엄 하우스'로 건축된 것을 1761년 조지 3세가 매수하면서 왕실 소유가 되었고 증·개축을 한 뒤 사저로 이용되었다. 이후 조지 4세가 본래 벽돌로 지어진 버킹엄 하우스를 석재로 장식하는 등 외관을 바꾸면서 신고전주의 양식의 궁전으로 변모했다. 1837년 왕위에 오른 빅토리아 여왕이 이곳을 거처로 정하면서부터 국왕의 상주 건물이 되었다. 현재 국경일마다 왕실 가족이 나와 국민들에게 손을 흔들어 보이는 발코니가 들어선 것은 1913년

빅토리아 여왕 기념비

버킹엄 궁전

- London, SW1A 1AA
- +44 (0)20 7766 7300
- Tube | 빅토리아(Victoria), 그린 파크(Green Park), 하이드 파크 코너(Hyde Park Corner) 역에서 도보 약 10분
- Bus | 11, 211, C1, C10 등을 타고 버킹엄 팰리스 로드(Buckingham Palace Road)에서 하차
- (여름) 오전 9시 30분~저녁 7시 30분, 마지막 입장 5시 15분

때 일이다. 17만 제곱미터가 넘는 정원, 2만 제곱미터의 넓은 호수와 함께 궁전 내부 의전실에는 이전 군주들이 모아온 렘브란트와 루벤스의 그림을 비롯해 다양한 작품들과 가구, 도자기 등 로열 컬렉션이 전시되어 있다.

　버킹엄 궁전은 런던을 찾는 방문객들이 한번쯤 들러보는 곳으로, 엘리자베스 2세 여왕이 거주하는 곳이자 집무 공간이며 왕가의 행정본부로서 공식적으로 국빈을 맞는 장소이기 때문에 내부는 제한적으로 특정 기간에만 공개한다. 내부 관람을 원한다면 정해진 기간에 맞춰 별도의 입장권을 구입하면 된다. 예를 들어 버킹엄 궁전의 2015년 여름 공개 기간은 8월 1일부터 9월 27일까지로, 여왕이 스코틀랜드의 왕실 사저인 발모럴 성Balmoral Castle에 머무는 기간이다. 하지만 공개 기간이 아니더라도 버킹엄 궁전 앞은 늘 사람들로 붐빈다. 이 건물은 처음에 왕실 궁전으로 사용하기 위해 지은 것이 아니기 때문에 궁전 건물다운 화려한 위용보다는 오히려 중후한 위엄이 전해진다. 이곳에 갔을 때, 여왕이 궁전에 있는지 없는지 알 수 있는 팁이 하나 있다. 만약 건물 중앙 게양대에 왕기인 로열 스탠더드Royal Standard가 걸려 있다면 여왕이 궁전 내부에 있다는 의미다. 여왕이 없는 시기에는 영국 국기인 유니언잭Union jack이 내걸린다. 또 궁전 앞에는 영국의 수호신인 황금빛 브리타니아 여신 조각을 머리에 얹고 당당히 서 있는 빅토리아 여왕 기념비가 있다.

이곳을 찾는 이들의 가장 큰 관심사는 역시 근위병 교대식이다. 궁전 앞 차량이 통제된 뒤 퍼레이드가 진행되는 근위병 교대식은 보통 오전 11시 30분에 이루어지지만 상황에 따라 달라진다. 왕실의 일정이나 날씨, 계절에 따라 바뀌므로 미리 관람 계획을 세우기는 어렵다. 물론 근위병 교대식을 보지 못하더라도 〈패딩턴〉의 주인공 곰처럼 붉은색 상의에 커다랗고 둥근 통모자를 쓴 근위병은 볼 수 있다. 또 버킹엄 궁전 주변에는 걸어서 갈 만한 볼거리도 많은데, 특히 궁전부터 트라팔가 광장Trafalgar Square까지 레드 카펫을 깔아놓은 듯한 붉은 산책로는 '더 몰The Mall'이라는 이름의 유명한 도로다. 더 몰에서는 1945년 유럽 전승 기념 퍼레이드가 열렸고, 엘리자베스 여왕 2세 즉위 50주년 행사와 윌리엄 왕자 결혼식 행진 등이 진행되었으며, 런던 올림픽 때는 마라톤 경기의 마지막 코스였다. 도시 중심가에 쭉 뻗은 길 하나에 이렇게 다양

더 몰 도로

한 역사적 순간들이 저장되어 있다는 사실을 알게 되면 역동적이면서도 고전적인 도시 런던에 머물고 있음을 또 한 번 실감하게 된다.

Select 04

인류 문명을
집대성한 컬렉션

대영 박물관
British Museum

영화 〈박물관이 살아 있다〉 제작진이 세 번째 시리즈이자 완결판을 찍을 마지막 장소로 대영 박물관을 선택했다는 소식을 들었을 때, 제작진의 마음이 짐작되어 기대감도 컸다. 1, 2편을 각각 미국의 자연사 박물관과 워싱턴 스미소니언 뮤지엄에서 촬영한 제작진은 마지막 편에서 유럽의 역사적인 분위기를 영화에 담고 싶었던것 같다. 그래서 규모 면에서 세계 최고인 대영 박물관을 선택했을 것이다. 이렇게 영국 로케이션을 결정한 덕분에 〈박물관이 살아 있다: 비밀의 무덤〉은 박물관 내부뿐만 아니라 클래식한 이미지의 런던을 환상적인 모험의 공간으로 탈바꿈시켜 다양한 볼거리를 안겨주었다. 막상 개봉 후 영화를 보니 대영 박물관 내부의 촬영장소가 그리 광범위하진 않았고 몇몇 익숙한 장소들만이 눈에 띄었다. 그도 그럴 것이

대영 박물관 전시실

약 800만 점의 인류학적 유물들을 소장하고 있는 이 박물관이 영화촬영을 위해 공간을 다 열어주진 않았을 것이다. 그래도 대영 박물관의 중앙 홀이자 유럽에서 가장 큰 실내 공간인 그레이트 코트^{Great Court}와 가장 오래된 전시실에 속하는 계몽 전시실 등이 스크린에 담겨, 어느 정도의 기대치는 충족되었다. 화려한 특수효과로 무장한 영화와 인류 역사 및 문화를 집대성한 박물관의 만남이니만큼 대영 박물관을 다시 눈여겨보기도 했다.

　대영 박물관 유물은 한국에서도 전시를 한 적이 있지만 워낙 소장품이 많다 보니 당시 한국에 선보인 작품들은 극히 일부에 불과했다. 그래서 나는 대

> **대영 박물관**
>
> 📍 Great Russell Street, London, WC1B 3DG
> ☎ +44 (0)20 7323 8299
> Tube | 토튼햄 코트 로드(Tottenham Court Road) 역과 홀본(Holborn) 역에서 도보로 7분
> Bus | 1, 7, 8, 19, 25, 38, 55, 98, 242 이용 시 뉴 옥스포드 스트리트(New Oxford Street)에서 하차
> 10, 14, 24, 29, 73, 134, 390 이용 시 토튼햄 코트 로드(Tottenham Court Road) 또는 고워 스트리트(Gower Street)에서 하차
> 🕐 오전 10시~오후 5시 30분, 금요일은 저녁 8시 30분까지 오픈

영 박물관을 방문할 계획을 세운 이들에게 단 하루나 반나절 정도의 시간으로는 모두 둘러보기 어려울 거라고 조언하고 싶다. 물론 일정이 빠듯하더라도 인간 문명을 아우르는 유물들을 전시한 최초의 박물관으로 평가받는 이곳을 직접 방문해 보는 것은 런던 여행 중 의미 있는 일 중 하나다. 그러므로 작품의 역사적인 가치를 느끼며 관람할 여유를 가진다면 더 좋을 것이다.

런던 중심가인 토튼햄 코트 로드Tottenham Court Road 근처에 자리한 대영 박물관은 1753년 설립되어 1759년 1월부터 일반인들에게 개방했다. 이곳은 왕실이나 교회에 속한 박물관이 아닌 대중을 위한 최초의 국립박물관으로서, 귀

대영 박물관 입구

족들이 수집하는 회화 중심의 컬렉션이 아닌 다양한 유물과 문서 등의 가치를 평가하고 전시한 첫 번째 박물관이었다. 전시관은 크게 고대 이집트, 그리스와 로마, 유럽, 중동, 아시아 관으로 나뉘며, 특히 그라운드 플로어에서 만날 수 있는 그리스와 로마의 전시품들은 대영 박물관의 대표적인 컬렉션이다. 웅장한 조각품들이나 신전, 무덤의 일부 등 복원한 유적, 고고학 자료 등을 돌아보노라면 과거의 시간을 고요히 현재로 불러온 듯한 숭고한 분위기가 느껴진다. 눈앞에 존재하는 전시품들이 지나온 시간에 얽힌 스토리를 담고 있어 그 생명력이 전해지는 것이다.

　대영 박물관은 총 90개가 넘는 전시관에 지역별로 인류의 찬란한 문화유산을 대변하는 유물들이 전시되어 있으므로 관심 있는 작품들을 중심으로 동선을 짜보아도 좋다. 그레이트 코트에 들어서면 기부함에 1파운드를 넣고 뮤지엄 맵을 가져올 수 있는데, 박물관이 너무 커 길을 잃을 수도 있으니 입장하자마자 이 지도를 챙기는 것이 좋다. 또 정해진 시간에 영어로 진행하는 무료 가이드 투어가 있고, 한국어를 포함해 11개 언어로 제공되는 멀티미디어 가이드를 대여하고 있으므로 적절히 활용한다면 관람도 하고 작품에 깃든 역사적 지식도 얻는 기회를 누릴 수 있다.

TIP : 대영 박물관에서 도보로 3분 거리에 있는 블룸스버리 광장Bloomsbury Square은 쉬어가기 좋은 가든이다. 근처 직장인들의 휴식 장소라 날씨 좋은 날이면 벤치에 앉아 점심 식사를 하거나 책을 읽는 사람들을 쉽게 볼 수 있다. 박물관을 관람한 뒤 역사 여행에서 막 빠져나온 듯한 기분으로 가든 산책을 하는 것도 근사한 경험 아닐까?

Select 05

템스를 가로지르는
역사 산책

타워 브리지와 런던 탑
Tower Bridge & Tower of London

　　　　　　　　　　도시를 가로지르는 강은 도시 풍경에 운치를 더해주고 시민들에게는 여유로움을 가져다준다. 특히 유럽 도시의 강은 해당 도시에 중세의 느낌을 부여하기도 한다. 다른 유럽 도시의 강들과 비교했을 때 템스 강은 변화무쌍한 런던의 날씨만큼이나 다양한 얼굴을 지니고 있다. 평소엔 물색이 별로 예쁘지 않지만 화창한 하늘 아래서는 눈부시게 푸른 빛이 감돌기도 하고, 흐린 날에는 무거운 하늘의 무게를 감당하고 있는 듯해 우수 어린 감정을 자아낸다. 템스 강은 유독 유명한 다리를 많이 거느리고 있다. 전체 길이가 총 346㎞로, 옥스퍼드 인근과 주변 도시를 거쳐 런던 전체를 가로질러 북해로 흘러가는데, 런던 템스 강 위에 놓인 다리는 총 33개다. 제각각 이름과 역사를 가진 이 다리들 중에서도 가장 오래된 런던 브리지London Bridge와

타워 브리지

- Tower Bridge Road, London, SE1 2UP
- +44 (0)20 7403 3761
- Tube | 타워 힐(Tower Hill) 역에서 도보 8분
- Bus | 15, 42, 78,100, RV1 등을 타고 타워 브리지/시티 홀(Tower Bridge/City Hall)에서 하차

타워 브리지를 건너는 시민과 관광객들

세라믹 예술가 폴 커민스가 런던 탑에 설치한 양귀비꽃 작품

가장 최근 완공된 밀레니엄 브리지Millennium Bridge, 영화 〈애수〉의 원제이기도 한 워터루 브리지Waterloo Bridge, 빅벤과 함께 또 하나의 런던의 상징인 타워 브리지Tower Bridge가 유명하다.

나는 런던에 도착한 지 몇 달 지나지 않아 일주일에 한 번, 일과를 마친 사람들이 저녁 시간에 모여 시내 중심가를 함께 달리는 러닝 클럽에 나간 적이 있다. 쇼디치에서 출발한 그날의 일정은 타워 브리지를 가로질러 시청 건물 앞에서 간단한 체조를 한 뒤 다시 출발점으로 돌아오는 약 10㎞ 정도의 거리였다. 그런데 한창 숨 가쁘게 달리던 어느 순간 나는 잠시 멈춰서 눈앞에 펼쳐진 장면을 바라보며 탄성을 내뱉었다. 바로 타워 브리지와 런던 탑Tower of London의

런던 탑

- London, EC3N 4AB
- +44 844 482 7777
- Tube | 타워 브리지에서 도보로 5~10분 거리
- 오전 9시~오후 5시, 일요일과 월요일은 오전 10시 오픈

화이트 타워

야경 때문이었다. 숱한 사진과 영상물에서 익숙하게 보아온 타워 브리지의 모습은 막 동화 속에서 튀어나온 것처럼 비현실적인 느낌으로 다가왔다. 빼앗긴 시선을 거두고 다시 사람들 틈에 섞여 타워 브리지를 건널 때 느꼈던 밤공기, 그리고 달리는 속도에 따라 눈앞을 스쳐 지나가던 아름다운 불빛들을 기억하며 나는 이후에도 종종 타워 브리지를 찾았다.

  1894년 완공된 타워 브리지는 당시 런던 탑과 잘 어우러지도록 설계되어, 멀리서 보면 양 옆으로 솟은 고딕 양식의 탑과 다리 근처에 자리한 런던 탑이 조화로움을 자랑하고 있다. 그런데 많은 사람들이 타워 브리지를 런던 브리지로 착각하는 경우가 있다. 아마도 타워 브리지가 런던을 대표하는 랜드마크 중 하나로 자주 거론됨에 따른 오해일 것이다.(진짜 런던 브리지는 타워 브리지와는 달리 매우 소박하다.) 템스 강의 모든 다리 중 가장 화려하고 위풍

당당한 모습을 갖춘 타워 브리지는 환상적인 야경 외에 개폐형 다리로도 잘 알려져 있다. 큰 선박이 다리 아래를 지나갈 때면 중간 부분이 분리되어 열리면서 높게 들렸다가 1분 30초가량 뒤에 다시 내려와 합쳐지는데, 이는 많은 사람들이 보고 싶어 하는 런던의 장관 중 하나다.

런던 탑은 타워 브리지보다 훨씬 오랜 역사를 가지고 있다. 1988년 유네스코 세계문화유산으로 등재된 이곳은 탑이라고는 하지만 규모로 보면 사실상 거대한 성이다. 1066년 정복왕 윌리엄이 자신의 권력을 과시하고 적의 침략에 대비하기 위해 템스 강변이 내려다보이는 위치에 화이트 타워White Tower를 세웠고, 이후 국왕들이 뒤이어 탑을 짓고 성벽을 쌓으면서 지금처럼 10여 개의 탑을 갖춘 성의 모습으로 완성되었다. 런던 탑은 왕궁으로 사용되었고, 왕실의 귀중품 보관소이기도 했으며, 감옥이나 처형장 역할을 한 적도 있다. 그래서 런던 탑에 들어가면 각종 고문 기구는 물론 국왕이 썼던 왕관과 장신구 등 볼거리가 다양하다.

2014년에는 세라믹 예술가 폴 커민스가 런던 탑 앞을 독특한 설치미술 작품으로 장식해 화제가 되기도 했다. 그는 제1차 세계대전에서 희생된 영국 병사들을 추모하기 위해 숨진 장병들의 수에 맞추어 88만 8,246송이의 세라믹 양귀비꽃을 여름부터 설치하기 시작했다. 가장 마지막 송이는 11월 11일 제1차 세계대전 종전 기념 행사 때 헌화되었다. 도시가 품고 있는 역사적 사건을 현대미술과 접목하고 또 다른 역사적 의미를 부여함으로써 원하는 메시지를 전한 것이다. 런던은 과거의 유산을 단순한 상징으로 치부하지 않고 새로운 스토리텔링을 계속하고 있다.

공연 관람으로 '런던다움'을 즐기다

공연 문화를 사랑하는 그들은 런던에 모인다

가장 근사한 런던의 얼굴을 만나고 싶다면 일단 공연 한 편 볼 것을 권한다. 유럽에서도 문화의 중심 도시로 꼽히는 만큼, 일 년 내내 다채로운 공연이 펼쳐지는 이 도시는 창작자들의 반짝이는 아이디어와 관객들의 열정이 어우러져 서서히 이방인마저 동화시키는 매력을 갖추었다. 튜브역 입구에서 나눠주는 무료 신문들이나 주요 역에 빠짐없이 걸려 있는 공연 포스터들은 현지인과 여행객 모두에게 풍부한 정보를 제공한다. 사전정보가 있으면 더 알차게 문화생활의 즐거움을 만끽할 수 있겠지만, 그렇지 않더라도 걱정할 필요는 없다. 공연장마다 고유의 분위기를 지니고 있고, 매진되었더라도 공연 당일 제법 좋은 티켓을 구하는 방법도 있기 때문이다. 나는 종종 공연문화를 사랑하는 이들에게 런던만 한 천국이 없다고 말한다. 웨스트엔드의 유명 뮤지컬부터 클래식 음악 애호가들이 사랑하는 실내악 음악회까지 그 어느 곳보다 다양한 문화적 취향을 만족시켜 줄 수 있는 도시가 바로 런던이다.

Select 01

현대미를 자랑하는, 템스 강변의
복합문화공간

사우스뱅크 센터
Southbank Centre

런던에 머물면서 가장 많이 찾은 공연장을 꼽으라면 단연 워터루 역 근처 사우스뱅크 센터 Southbank Centre의 로열 페스티벌 홀 Royal Festival Hall이다. 한 주에 몇 번씩 간 적도 있고, 공연을 보지 않는 날에도 산책 삼아 즐겨 찾았다. 로열 페스티벌 홀은 런던 필하모닉, 로열 필하모닉, 필하모니아 오케스트라 등 영국 대표 오케스트라들이 상시 공연을 하는 곳이다. 뿐만 아니라 런던을 찾는 미국, 유럽, 아시아 등 세계적인 악단들의 공연이 펼쳐지는 곳이라 런던에서 클래식 음악을 즐긴다면 자주 찾을 수밖에 없다. 티켓 가격도 아주 저렴한 편이라 클래식 음악 애호가 입장에서는 큰돈 들이지 않고 꿈같은 문화생활을 누릴 수 있다. 2014년 말에는 바이올리니스트 정경화가 12년 만에 영국을 다시 찾아 이곳에서 독주회를 가졌고, 현지에서는 이를 '전설

사우스뱅크 센터 건물과 그 뒤로 보이는 런던아이

의 귀환'이라 평가하기도 했다.

　로열 페스티벌 홀이 대형 공연이 열리는 사우스뱅크 센터의 핵심 공연장이라면 그보다 작은 규모의 퀸 엘리자베스 홀 Queen Elizabeth Hall 은 유명 아티스트들의 실내악 공연을 비롯, 무용, 재즈 콘서트 등 다양한 장르의 공연이 열리는 홀이다. 또 퀸 엘리자베스 홀 빌딩에 함께 자리한 퍼셀 룸 Purcell Room 에서는 주로 독주회나 마임 등 소규모 공연들이 열린다.

　로열 페스티벌 홀이 문을 연 것은 1951년이기 때문에 고풍스럽지는 않더라도 어느 정도 세월의 흔적이 느껴지는 건물을 상상할지도 모른다. 하지만 사우스뱅크 센터는 런던의 대표적인 현대식 건축물로 꼽힌다. 유럽의 클래식한 건축물들에 비해 멋이 떨어진다고 여겨지기도 하지만 나는 바로 그 현대미가 사우스뱅크 센터의 개성이라고 생각한다. 그리고 이곳에 자리한 헤이워드 갤러리Hayward Gallery 역시 런던에서 손꼽히는 현대미술관 중 하나로, 현재 활발하게 활약하고 있는 현대미술 거장들의 전시회와 파격적인 기획전을 개최하고 있다.

사우스뱅크 센터는 크고 작은 공연장과 갤러리를 갖춘 시민들의 대표적인 문화생활 공간이지만 여타 대도시 문화시설과 확연히 구별되는 독보적인 매력이 있다. 그 자체로 관광명소라 할 만한 주변 환경과 훌륭한 도심 산책로의 역할을 하는 템스 강변이 바로 그것이다. 사우스뱅크에 공연을 보러 갈 경우 '공연 전 산책, 공연 후 야경 감상'은 덤이다. 테이트 모던에서부터 강변을 따

사우스뱅크 센터

- | Belvedere Road, London, SE1 8XX
- ☎ | +44 (0)20 7960 4200
- Tube | 워터루(Waterloo) 역에서 도보로 5분
- Bus | 76, 77, 211, 341, 381, 507, N381, N76, RV1 등을 타고 요크 로드(York Road)에서 하차 후 도보 5분
  1, 4, 26, 59, 68, 139, 168, 171, 172, 176, 188, 243, 521, N1, N68, N171, N343 등을 타고 워터루 브리지(Waterloo Bridge)에서 하차 후 도보 2분

© Belinda Lawley

라 여유롭게 30분 정도 걸으면 사우스뱅크 센터가 나오는데, 걷는 도중에 카페와 레스토랑이 간간이 자리 잡았고, 가끔 중고서적과 LP를 판매하는 길거리 상점도 만날 수 있다. 여유를 부리며 더 가다보면 자연스레 공연장 로비와 이어지는 리버사이드 테라스 카페Riverside Terrace Cafe에 다다른다. 공연 관람을 하지 않더라도 산책을 하다 들러 커피 한 잔과 함께 한가로운 시간을 즐길 수 있는 곳이다.

해가 지면 야간 조명으로 운치가 더해져 런던아이와 빅벤의 또 다른 모습을 감상할 수 있다. 런던아이와 빅벤은 런던을 처음 방문한 이들이 으레 찾는 관광명소지만 로열 페스티벌 홀 테라스에서의 특별한 뷰는 오래도록 잊지 못

할 감동을 준다. 공연 중 휴식시간에 2, 4, 5층에 자리한 바에서 칵테일이나 와인 한 잔을 즐기면서 낭만적인 도심의 야경을 즐기는 사람들. 나는 이렇게 런더너들이 공연 한 편과 함께 일상의 행복을 누리는 장면을 자주 목격했다. 그리고 전염이라도 되듯 나 역시 종종 행복감에 빠졌다.

별빛 아래서
즐기는 연극
셰익스피어 글로브 극장
Shakespeare Globe Theatre

런던이라는 도시가 오랫동안 큰 오해를 사고 있는 두 가지로 날씨와 음식을 꼽을 수 있다. 특히 날씨가 그렇다. 나는 어느 정도 런던 생활에 적응하면서 런던의 날씨에 별 불만을 가지지 않게 되었다. 혹독하게 추운 서울 날씨에 비하면 대개 영상의 기온을 유지하는 런던의 겨울 날씨는 차라리 감사했고, 잦은 소나기와 흐린 하늘 역시 맑은 날의 한없이 청명한 하늘과 예쁜 구름을 생각하면 나쁘지 않았다. 그렇게 하늘이 아름다운 날이면 실내에 머무는 시간이 아깝게 마련이다. 그런 날에는 주로 템스 강을 가로지르는 다리를 산책하거나 마켓까지 걸어가 먹거리를 사곤 했다.

자주 찾던 몇몇 산책 코스 중에 런던 브리지에서 버로우 마켓을 지나 테이트 모던 미술관까지 걷는 길은 내가 참 좋아하는 코스다. 이 길의 어느 지점

ⓒ Pawel Libera

엔가 다다르면 흥겨운 축제 분위기에 마음이 들떴다. 아마도 늘 사람들로 붐비는 강변 레스토랑들과 산책을 즐기는 가족들, 그리고 런던 방문객들의 열기가 어우러진 들뜬 공기 때문이 아닌가 싶다. 2014년 4월의 어느 봄날, 이곳을 지나다가 장미꽃으로 장식된 철문 앞으로 사람들이 길게 줄을 늘어선 것을 보았다. 그들은 셰익스피어 글로브 극장Shakespeare Globe Theatre에 입장하기 위해 기다리는 사람들이었다.

  17세기 원형극장의 형태를 따른 셰익스피어 글로브 극장은 야외공연장인 까닭에 겨울에는 공연을 하지 않는다. 보통 4월 말부터 시작해 10월 초까지만 관람할 수 있는 시즌 공연인 것이다. 4월 23일 셰익스피어의 탄생일에 즈음해서는 극장과 전시관을 무료로 오픈하고 다양한 행사를 진행한다. 산책을 하다 장미꽃과 인파에 이끌려 우연히 들어가게 된 그곳이 바로 셰익스피

셰익스피어 글로브 극장

- 21 New Globe Walk, Bankside, London, SE1 9DT
- +44 (0)20 7902 1400
- Tube | 런던 브리지(London Bridge) 역에서 도보로 10분
- Bus | 381, RV1, 344 등을 타고 서덕 브리지 로드(Southwark Bridge Road) 또는 서덕 스트리트(Southwark Street)에서 하차

어 탄생 450주년 기념행사가 열리던 셰익스피어 글로브 극장이었다. 셰익스피어가 활동했던 시기의 런던의 모습과 셰익스피어의 문학적 배경이 된 장소들, 그 시절의 연극 의상, 소품 등을 생생하게 되살려놓은 전시실은 사람들의 눈길을 잡아끌었기에 충분했다. 그보다 더 인상적이었던 건 전시실 관람을 마치고 다다른 야외극장이었다. 뻥 뚫린 하늘 아래 펼쳐진 무대와 마당, 그리고 무대를 중심으로 둥글게 마련된 3층 좌석은 공간 자체가 특별했다. 관객들은 단순히 영화나 공연 영상물을 야외에서 관람하는 것이 아니라 수백 년 전의 모습과 다름 없는 극장에서 셰익스피어의 연극을 관람하며 색다른 경험을 하는 것이다.

셰익스피어 글로브 극장이 처음 건축된 것은 1599년으로, 셰익스피어는 이 시기에 런던으로 와서 집필활동을 했고 건축 당시 극장 소유권의 일부를 가지고 있었다. 이곳은 14년 동안 셰익스피어의 작품들을 공연하며 런던에서 가장 큰 인기를 누렸지만 1613년 〈헨리 8세〉를 공연하던 중 대포에서 불꽃이 튀어 대형 화재가 발생하는 바람에 완전히 불에 타고 말았다. 이듬해 재건되었지만 1642년 청교도들에 의해 결국 문을 닫았다. 기존 위치에서 230m 정도 떨어진 곳에 1997년 개관한 현재의 극장 건물은 당시 자료를 토대로 본래의 모습을 되살려 지은 것이다. 복원한 극장에서의 공연 관람 방식도 400년 전 그대로다. 공연 프로그램은 〈로미오와 줄리엣〉, 〈베니스의 상인〉, 〈맥베스〉, 〈리처드 3세〉 등 잘 알려진 작품들로 채워져 있으며, 좌석 예약에 실패했거나 입석 관람을 원할 경우 공연 당일 티켓 구매 줄에 합류하면 된다. 입석 관람객들이 무대 앞마당에 자리를 잡을 수 있기 때문에 체력이 받쳐준다면 보다 가까운 위치에서 무대를 볼 수 있다. 입석 티켓 가격은 단 5파운드다.

  셰익스피어의 탄생 450주년 기념일에 셰익스피어 글로브 극장을 방문한 나는 얼마 뒤 그곳을 다시 찾아가 별빛 아래 바람의 결을 느끼며 연극을 관람했다. 익숙한 고전 이야기를 새로운 기억으로 다시 새기게 해주다니, 이 극장 참 마법 같은 공간이다.

• Select 03 •

세계적인 오페라와
발레의 초연 무대
코벤트 가든의
로열 오페라 하우스
Royal Opera House

런던을 여행하는 이들에게 음악회, 오페라, 또는 발레 공연 등을 관람해 보라고 권하면 흔히 돌아오는 반응이 "그런 곳에는 어느 정도 차려입고 가야 하는 것 아니냐"는 것이다. 그럴 때마다 나의 대답은 한결같다. 특정한 행사를 제외하고 드레스 코드가 정해져 있는 공연은 극히 드물고, 관람객에게 가장 중요한 것은 옷차림이 아니라 즐길 수 있는 마음의 자세라고 말이다. 그곳이 한국이든 영국이든 마찬가지다. 물론 공연장마다 분위기는 조금씩 다르고 몇몇 관객들은 어느 정도 차려입은 게 느껴지는 곳도 있는데 코벤트 가든Covent Garden에 자리한 로열 오페라 하우스가 바로 그런 공연장이다. 이곳은 매년 영국 아카데미 시상식BAFTA과 영국의 토니 상이라 불리는 로렌스 올리비에 상Laurence Olivier Award 행사가 개최되는 장소로, 많은 셀러

브리티들이 레드 카펫을 밟는 곳이기도 하다.

평소 로열 오페라 하우스에서 열리는 공연에서도 다른 공연장에서 흔히 볼 수 없는 '레드카펫 드레스' 정도의 화려하고 격식 갖춘 옷을 차려 입은 관객들이 심심찮게 보인다. 이들은 주로 가장 비싼 좌석인 오케스트라 스툴 Orchestra Stalls 석에 앉는 경우가 많다. 하지만 2200석이 넘는 큰 공연장에서 이들은 소수이며 다수의 관객들은 특별히 차려입었다는 느낌이 들지 않는 평범한 차림새다. 옷차림과 무관하게 관객들에게서 공통점 하나를 찾을 수가 있는데 바로 로열 오페라 하우스를 정기적으로 찾는 단골 관객이 많다는 점이다. 이곳에는 발레나 오페라를 관람하는 것이 '문화 나들이' 중 하나인 상류

로열 오페라 하우스

◎ | Bow Street, London, WC2E 9DD
☎ | +44 (0)20 7240 1200
Tube | 코벤트 가든 역에서 도보로 3분

층부터 파격적인 할인 혜택을 누리는 학생에 이르기까지, 충성도가 높은 관객들이 주를 이룬다. 로열 오페라단The Royal Opera과 로열 발레단The Royal Ballet이 상주하는 공연장이라 항상 볼 만한 공연이 많기 때문이다. 특히 다양한 국적의 무용수들이 소속되어 있는 로열 발레단에는 한국인 발레리나 최유희 씨가 활약하고 있다.

이곳의 단골 관객 중 한 사람이었던 내가 티켓을 예매할 때 주로 이용한 방법은 공연 당일 아침에 줄을 서는 것이었다. 인터넷에서 좋은 자리를 미리 예약하는 것이 안전하지만 조금만 서두르면 공연 당일 현장에서 취소 좌석이나 스탠딩석 등 가격 대비 시야 확보가 좋은 자리를 저렴하게 구할 수 있다. 오전 10시, 티켓 오피스가 문을 열기 전 공연장 입구에서는 커피 한 잔과 신문을 들고 줄을 선 채 앞뒤 사람들과 자연스럽게 이야기를 나누는 이들의 모습을 쉽게 볼 수 있다. 대화의 내용은 대부분 어느 극장의 무슨 연극에 유명한 배우가 나오더라, 어느 뮤지컬이 아주 재미있더라 등 생생한 공연 정보들이다. 《가디

언The Guardians》,《인디펜던트The Independent》,《텔레그래프The Telegraph》,《이브닝 스탠더드The Evening Standard》등 공연 리뷰가 실리는 매체들은 많지만 관객들의 입소문 또한 중요한 참고사항이다.

    로열 오페라 하우스는 갈 때마다 그 위용에 반할 수밖에 없는 건물이다. 외관에서 느껴지는 기품은 공연장 내부에서 배가되곤 한다. 이 무대를 초연으로 거쳐간 역사적인 공연들이 많다. 초창기로 거슬러 올라가면 1743년 조지

2세가 참석한 가운데 헨델이 〈메시아〉를 지휘했고 이후 베버와 바그너, 마스네의 오페라가 초연되었으며 지금도 세계적인 오페라와 발레의 영국 초연은 대부분 이곳에서 이루어진다. 극장 내부 곳곳에는 그 감동의 순간을 엿볼 수 있는 사진들이 전시되어 있다. 그뿐 아니다. 큰 유리 박스 안에 전시된 아름다운 발레 의상들은 로비와 복도에서부터 방문객들의 시선을 끌며 볼거리를 제공한다. 공연을 보지 않더라도 오전과 오후 시간대에 극장 내부를 관람할 수 있는 백스테이지 투어도 인기다. 약 1시간 15분가량 설명을 들으며 공연장 시설을 둘러보고 무대 뒤편의 공연 준비과정을 직접 볼 수 있는 특별한 경험을 할 수 있다.

TIP : 로열 오페라 하우스 바로 앞에 위치한 코벤트 가든은 17세기에 형성된 시장이다. 지금은 다양한 브랜드의 매장이 즐비하고 시장 안쪽에도 작은 숍들과 펍, 레스토랑이 자리하고 있다. 공연을 관람한 뒤 코벤트 가든에서 즐기는 밤공기와 거리에 울려퍼지는 거리 뮤지션의 목소리는 잊지 못할 특별한 정취를 선사한다.

이야깃거리를 간직한 특이한 건축물
바비칸 센터
Barbican Centre

바비칸 센터 Barbican Centre에 갈 때마다 느끼는 이상한 점이 하나 있다. 규모가 큰 데다 런던의 랜드마크 건물 중 하나이고 팻말로 길이 잘 안내되어 있는 편인데 갈 때마다 길을 잃곤 한다는 것이다. 몇 번이나 방문했으면서 왜 발걸음이 자연스럽게 옮겨지지 않는 걸까. 그래서 길 위에서 종종 나의 방향감각을 탓하곤 했다. 결국 아주 친숙한 곳임에도 스마트폰을 꺼내 구글맵을 열어보게 된다. 방향감각이 떨어지는 건 건물 내부에 들어선 뒤에도 이어져, 공연장을 한참을 헤매다 연주자들의 연습실 문을 벌컥 열었던 웃지 못할 경험도 있다. 하지만 이제는 이런저런 에피소드를 뒤로하고 바비칸의 매력이 바로 친숙한 듯 낯선 지리적 공간이라 생각하게 되었다. 그리 길지 않은 시간 동안, 마치 이상한 나라의 앨리스라도 된 듯 미로 속을 헤

바비칸 복합단지의 야외분수

바비칸 센터 로비

매는 듯한 묘한 기분을 느끼게 만드는 것이 바비칸만의 독특한 매력이란 걸 인정하게 된 것이다.

바비칸은 주거지, 교육기관, 도서관, 아트센터 등으로 구성된 복합단지다. 이완 맥그리거, 주드 로, 다니엘 크레이그, 올랜도 블룸 등을 배출한 세계적인 공연예술학교 길드홀 음악연극학교 Guildhall School of Music & Drama도 바비칸 복합단지 내에 있다. 바비칸 센터는 엄밀히 말하자면 많은 관광객들이 일부러 찾아가는 곳은 아니다. 하지만 사나흘 정도 런던을 즐길 여유가 있다면 한 번쯤 들러볼 만한 곳이다. 유럽에서 가장 규모가 큰 아트센터일 뿐만 아니라 바비칸 단지 자체가 건축사적으로도

바비칸 센터

- | Silk Street, London, EC2Y 8DS
- | +44 (0)20 7638 4141
- Tube | 바비칸(Barbican) 역 또는 무어게이트(Moorgate) 역에서 도보로 7~8분

의미가 있기 때문이다. 런던 중심가인 이곳은 제2차 세계대전 당시 폭격으로 초토화되었으며 1960~70년대에 런던시의회가 새로운 주택단지 조성 계획을 세움에 따라 현재의 건물들이 건설되었다. 바비칸 단지의 13개 건물은 탁 트인 열린 공간을 중심으로 아파트처럼 많은 주거지가 밀집된 구조다. 미적 감각을 떠나 거친 구조재의 모습을 고스란히 드러내는 영국의 브루탈리스트 건축^{Brutalist Architecture} 양식의 중요한 사례이기에 현재 건축학적으로도 가치를 인정받고 있다.

하지만 외양이 독특하다 보니 바비칸의 건축물에 대해서는 의견이 분분하다. 특히 미적 관점에서 항상 논란의 대상이 되고 있는데, 한 예로 2003년 BBC가 발표한 여론조사에서는 런던에서 가장 흉물스러운 건물로 꼽혔고, 10년이 더 지난 지금까지도 종종 '어글리 빌딩^{ugly building}'이라는 오명이 따라다닌다. 그러나 내가 런던에서 만난 영국인들 중에는 잿빛으로 층층이 무장한 이 건물이 가장 런던다운 건축물이라고 자랑스레 말하는 이도 여럿이니 이처럼 호불호가 크게 갈리는 것도 바비칸만의 독특한 매력이라 할 수 있다.

어쨌든 분명한 건 외관에 대한 의견이 분분해도 일단 바비칸 센터 실내로 들어서면 모던하고 세련된 인테리어에 대해서는 이견이 없다는 것이다. 바비칸 센터는 영화, 음악, 연극, 전시 등 언제나 각종 볼거리와 즐길 거리가 넘치는 곳이다. 한때 폐허였던 곳은 거대한 복합단지로 되살아났을 뿐만 아니라 예술의 중심지로 자리매김하고 있다는 사실이 놀랍기까지 하다. 아무튼 이곳은 아무 계획 없이 들러 카페나 바에서 음료 한잔 마시는 것 자체가 하나의 문화생활이 될 만한 장소라고 해도 과언이 아니다. 특히 맑은 날 바비칸 단지의 오아시스라 할 수 있는 야외 테라스에 앉아보는 것도 런던 도심 속에서 누릴 수 있는 이색적인 경험이다.

  나는 주로 영화를 보거나 음악을 감상하기 위해 바비칸 센터에 자주 갔다. 월요일이나 화요일에는 할인 혜택을 적절히 이용하면 저렴하게 영화를 볼 수 있고 상영관과 이어지는 1층 카페는 조용하면서도 커피 맛이 좋다. 바비칸 홀은 영국의 대표 오케스트라 중 하나인 런던 심포니 오케스트라의 상주 공연장으로 연간 주요 공연들이 이곳에서 이루어지며, 그 밖에도 세계 유수의 오케스트라와 세계적인 연주자들이 바비칸 홀 무대에 선다. 이야깃거리를 간직한 특이한 건축물과 뛰어난 문화 콘텐츠, 바비칸 센터가 런더너들의 발길을 끄는 것은 어쩌면 너무나 당연한 일이다.

· Select 05 ·

영국에서 가장 사랑받는
실내악 공연장
위그모어 홀
Wigmore Hall

　　런던 한복판, 옥스퍼드 서커스는 백화점과 대형 쇼핑몰, 유명 브랜드의 매장들이 줄지어 있는 최대 번화가다. 인파로 붐비는 옥스퍼드 스트리트에서 조금만 안쪽으로 들어가면 위그모어 스트리트가 있는데, 그곳에는 진지하게 음악을 감상하는 이들이 모이는 고즈넉한 홀이 있다. 바로 클래식 애호가들의 큰 사랑을 받고 있는 실내악 공연장 위그모어 홀^{Wigmore Hall}이다.

　　나는 이 홀에서 몇 번의 의미 있는 장면을 목격했다. 그중 하나는 2014년 5월 31일, 바리톤 제럴드 핀리가 독주회를 마친 뒤 다시 무대에 올라 위그모어 홀의 생일을 축하한다는 내용의 짧은 스피치를 한 것이다. 그는 1901년 5월 31일 문을 연 이 홀에서 처음으로 연주한 사람이 바흐의 샤콘느로 유명한 피

아니스트이자 작곡가인 페루초 부조니라고 알려주었다. 100년을 훌쩍 넘어 같은 공간에서 거장의 예술혼이 이어지고 있다는 사실을 접했을 때, 시간을 초월해 음악이 선사하는 감동이 느껴졌다.

또 하나 잊지 못할 에피소드는 피아니스트 안드라스 쉬프의 연주를 감상한 뒤 의미 있는 수여식이 열렸을 때다. 2013년 12월 21일, 자신의 예순 번째 생일이기도 했던 그날 안드라스 쉬프는 베토벤의 〈디아벨리 변주곡〉과 바흐의 〈골드베르크 변주곡〉을 연주하며 영롱한 소리가 지배하는 아름다운 세계로 청중들을 이끌었다. 그리고 연주 후 로열 필하모닉 소사이어티[RPS]의 골드 메달 수여식이 이어졌다. 이 메달은 1870년 로열 필하모닉 소사이어티가 음악가의 공적을 기리기 위해 만든 것으로, 세계의 내로라하는 연주자들에게 주어진다. 내가 목격한 것 또한 안드라스 쉬프가 그 메달을 받는 역사적인 순간

위그모어 홀

- 36 Wigmore Street, London, W1U 2BP
- +44 (0)20 7258 8200
- Tube | 옥스포드 서커스(Oxford Circus) 역에서 도보 7분

이었기에, 나는 그날 밤 런던에서 가장 운 좋은 550명 중 한 명이었던 셈이다.

공연을 관람하러 갔다가 뜻밖의 작은 이벤트를 접하면 연주자들의 '말'을 들을 수 있다는 사실만으로도 음악 감상 이상으로 집중하게 된다. 나는 제럴드 핀리나 안드라스 쉬프를 비롯해 많은 연주자들이 위그모어 홀을 극찬하는 말을 통해 그들이 이곳을 진심으로 아낀다는 것을 알 수 있었다. 연주자들이 극찬하는 홀이라면 음향이 뛰어나 연주자 스스로가 만족한다는 의미일 것이다. 그래서 20세기의 유명한 연주자들이 위그모어 홀을 거쳐 갔고 이 홀에서 녹음한 명반들이 많다.

음악에 관심 있는 사람이라면 우선 아늑한 홀에 앉아보는 것만으로도 특별한 경험이 될 것이다. 르네상스 양식으로 설계된 위그모어 홀은 대리석 벽면과 자연 채광이 들어오는 천장, 로비의 고풍스러운 샹들리에, 개관 초기부터 자리를 지키고 있는 촛대와 여러 장식물 등 구석구석에 클래식한 멋이 가득하다. 또 이곳은 550석 규모의 자그마한 실내악 공연장으로 앞서 소개한 사우스뱅크 센터나 바비칸 센터와는 사뭇 다른 아늑한 분위기가 느껴진다. 애호가들이 많은 만큼 고요히 연주에 집중할 수 있고 모든 연주가 끝났을 때 진심을 다한 박수로 화답하는 관객들의 공연 매너도 다른 공연장과 비교할 수 없다.

위그모어 홀은 정통 클래식 음악 공연으로 유명하지만 실제로는 베토벤부터 현대 재즈음악까지 다양한 레퍼토리의 공연이 무대에 오르며, 낮 시간을 이용한 런치타임 콘서트나 늦은 저녁 캐주얼한 파티로 이어지는 특별한 공연도 있다. 티켓 가격은 15~35파운드 선이며, 1층 뒷좌석보다는 2층이 더 시야 확보가 좋고 음향도 뛰어나다.

TIP : 위그모어 홀이 위치한 곳은 런던 최대 번화가이자 쇼핑 중심지로, 셀프리지 백화점과 리버티 백화점에서도 멀지 않다. 위그모어 홀에서 저녁 공연을 관람할 예정이라면 낮 시간에 옥스퍼드 스트리트를 중심으로 쇼핑 일정을 짜는 것도 좋다.

Select 06

뮤지컬의 본고장
웨스트엔드의
롱런 뮤지컬과 공연장들

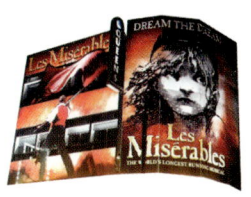

　　세계 뮤지컬의 중심지라 해도 과언이 아닌 런던 '웨스트엔드West End'는 본래 시티 오브 런던City of London의 서쪽 번화한 지역을 일컫는 말이다. 일반적으로 엔터테인먼트와 쇼핑이 활성화된 런던의 중심 지역을 지칭하며 수많은 극장들이 자리 잡고 있어 '뮤지컬의 본고장'이라 불리는 지역이다. 뉴욕 브로드웨이에서 흥행한 작품들 역시 런던 웨스트엔드에서 초연한 경우가 많아 정통성을 인정받고 있으므로 공연 감상에 별 취미가 없더라도 런던에서의 뮤지컬 관람은 꼭 한번 시도해 볼 만하다. 실제로 몇 년 동안 한 작품을 장기 상영하고 있는 주요 극장들은 불황을 모르고 매일 저녁 전 세계에서 찾아온 관객들로 붐빈다.

　　튜브역 어디에서나 시선을 끄는 수많은 공연 포스터들과 피카딜리 서커스

〈오페라의 유령〉을 공연하는 허 머제스티스 시어터

에서 흔히 볼 수 있는 뮤지컬 티켓 판매소, 그리고 저녁이 되면 화려하게 빛나는 극장의 네온사인들은 런던을 더욱 런던답게 한다. 나는 런던에 사는 동안 유명 뮤지컬 대부분을 관람했는데 모든 공연이 기대를 충족시켰다. 웨스트엔드에서 공연 중인 뮤지컬은 아주 다양해 선택의 폭이 넓지만, 만약 단 한 편의 작품만 보고 싶다면 런던 웨스트엔드를 체험할 수 있는 유명 작품을 선택하는 게 좋다. 가장 먼저 고려해 볼 뮤지컬은 〈오페라의 유령〉이다. 1986년 9월 27일 허 머제스티스 시어터Her Majesty's Theatre에서 초연된 후 지금까지 30년

허 머제스티스 시어터
- 📍 | Haymarket, London, SW1Y 4QL
- ☎ | +44 844 412 4653
- Tube | 피카딜리 서커스(Piccadilly Circus) 역에서 도보 3분

퀸스 시어터
- 📍 | 51 Shaftesbury Avenue, London W1D 6BA
- ☎ | +44 844 482 5160
- Tube | 피카딜리 서커스(Piccadilly Circus) 역에서 도보 3분, 레스터 스퀘어(Leicester Square) 역에서 도보 4분

프린스 에드워드 시어터
- 📍 | 28 Old Compton Street, London W1D 4HS
- ☎ | +44 844 482 5151
- Tube | 레스터 스퀘어(Leicester Square) 역에서 도보 3분, 토튼햄 코트 로드(Tottenham Court Road) 역에서 도보 4분

빅토리아 팰리스 시어터
- 📍 | Victoria Street, London, SW1E 5EA
- ☎ | +44 844 248 5000
- Tube | 빅토리아(Victoria) 역에서 2분

라이시엄 씨어터
- 📍 | 21 Wellington Street, London, WC2E 7RQ
- ☎ | +44 844 871 3000
- Tube | 코벤트 가든(Covent Garden) 역에서 5분

아폴로 빅토리아 시어터
- 📍 | 17 Wilton Road, London, SW1V 1LG
- ☎ | +44 844 871 3001
- Tube | 빅토리아(Victoria) 역에서 3분

째 같은 장소에서 공연하고 있으며 웨스트엔드의 한 역사를 만들어가고 있는 작품이다. 극장은 내셔널 갤러리에서 도보로 5분 정도의 거리에 있다. 〈레미제라블〉 역시 런던 뮤지컬로 빼놓을 수 없는 작품이다. 1985년 런던 바비칸 센터에서 초연한 이 뮤지컬은 2004년부터 퀸스 시어터 Queen's Theatre에서 공연 중이다. 또 2014년부터 25주년 뉴 프로덕션으로 프린스 에드워드 시어터 Prince Edward Theatre에서 공연 중인 〈미스 사이공〉은 홍광호가 '투이' 역을 맡아 화제가 된 작품이다. 한국 배우 최초로 성공적인 웨스트엔드 데뷔를 치른 그의 연

〈레미제라블〉 무대인사

기는 런던 현지에서도 아주 좋은 반응을 얻고 있다.

스티븐 달드리 감독의 영화를 토대로 엘튼 존이 작곡을 맡은 뮤지컬 〈빌리 엘리어트〉는 빅토리아 팰리스 시어터 Victoria Palace Theatre에서 2005년부터 공연 중이다. 이 작품은 내용상 배우들의 대사가 영국 북부 지역 사투리 억양이므로 기본적인 내용을 알고 가면 더 잘 즐길 수 있다. 노벨로 시어터 Novello Theatre에서 볼 수 있는 〈맘마미아〉도 1999년 영국 초연 이후 꾸준히 사랑받고 있는 작품이다. 그 밖에도 영국에서 시작한 작품은 아니지만 〈라이온 킹〉은 250여 년 역사를 지닌 라이시엄 시어터 Lyceum Theatre에서 1999년부터 지금까지 공연 중이다. 그리고 다른 작품들에 비하면 비교적 최근작인 〈위키드〉는 2003년 브로드웨이에서 초연한 뒤 2006년 웨스트엔드로 넘어온 작품이다. 빅토리아 역 근처에 자리한 아폴로 빅토리아 시어터 Apollo Victoria Theatre에서 볼 수 있다.

런던의 뮤지컬 티켓 가격은 한국에 비해 그리 비싸지 않다. 15파운드에서 100파운드까지 다양하며 웹사이트를 통해 좌석 위치와 금액을 확인할 수 있다. 일정이 촉박하지 않으면 꼭 미리 예매할 필요는 없고, 런던 중심가 곳곳에 자리한 티켓 판매소에서 티켓을 살 수 있으며 당일 티켓은 종종 할인가에 제공되기도 한다. 또 공연에 따라 매일 10~20장 정도는 당일 아침 극장 매표소에서 판매하고 있다. 'day seat'라 불리는 좌석에 앉게 되는데, 가격은 20~30파운드 정도로 맨 앞자리 좌석인 경우가 많고, 가격 대비 시야 확보가 좋다.

고품격 문화산책의
호사를 누리다

갤러리의 문은 열려 있다

만약 한 가지 특정 주제를 가지고 런던을 찾는다면 갤러리 여행을 제안하고 싶다. 런던이 방문객들에게 가장 자랑하는 것 중 하나가 '갤러리 무료입장'이기 때문이다. 런던의 모든 갤러리가 무료인 것은 아니지만 대부분의 갤러리는 '돈으로 환산할 수 없는 작품들을 무료로 보시라'는 의도로 시민들은 물론, 세계 각국에서 찾아온 관람객들에게 문을 활짝 열어두었다. 어마어마한 유럽 회화 컬렉션을 갖춘 내셔널 갤러리부터 동시대의 핫한 작가들을 소개하는 현대미술 갤러리, 그리고 작가가 직접 운영하는 작은 갤러리들까지 수많은 미술관들이 자리잡고 있어 취향 따라 어디든 부담 없이 들러볼 수 있다. 가벼운 마음으로 전시실을 돌아보다 어느 순간, 기대하지 않았던 익숙한 작품과 마주하거나 평생 잊지 못할 작품과 만나게 될지도 모른다. 이는 런던이 주는 큰 선물이다.

위대한 회화의 세계에
빠져들기
내셔널 갤러리
The National Gallery

　　　　　　　　　　차링 크로스^{Charing Cross} 역을 지나가다 별 기대 없이 내셔널 갤러리^{The National Gallery}에 들렀다가 좋아하는 작품을 만났던 어느 날, 로비에서 우연히 여행자들의 이야기를 듣게 되었다. 유럽 여행 중이라는 한 여자는 이번 여행 일정에 런던이 없었지만 단 하루라도 머무르기로 결심했다고 말했다. 그러자 상대방이 자신도 그렇다고 대답했다. 하루라는 시간은 도시 하나를 제대로 느끼기에는 터무니없이 짧은 시간이다. 그럼에도 그들은 일정상 무리를 하여 런던을 방문했고, 그 단 하루를 위해 선택한 곳이 내셔널 갤러리였던 것이다.

　유물보다 그림에 관심이 많고 런던 체류기간이 짧다면 대영 박물관보다는 내셔널 갤러리로 발걸음을 옮겨도 좋다. 이곳의 회화 컬렉션은 파리의 루

내셔널 갤러리 전시실 입구

브르 박물관을 능가하며 고풍스럽고 우아한 전시실에서 위대한 회화의 세계에 빠져들 수 있기 때문이다. 넉넉한 일정으로 런던을 방문한 여행자들 중에는 수차례에 걸쳐 방문하는 이들도 많다. 내셔널 갤러리는 미켈란젤로와 티치아노를 비롯한 이탈리아 르네상스 화가들부터 고흐, 모네, 세잔 등 프랑스 인상주의 화가들, 그리고 20세기 화가들의 작품들까지 시대순으로 전시하고 있어 유럽 회화의 흐름을 느껴볼 수 있고, 전시관을 나누어놓아 관람 계획을 세우기 좋다. 나는 런던에 살면서 내셔널 갤러리를 수없이 방문했지만 늘 발길 가는 대로 돌아보거나 좋아하는 작품 위주로 관람했기 때문에 모든 작품을 관람했다고는 말할 수 없다. 하기는 전체를 관람한다는 것에 큰 의미를 두지도 않는다. 미술품 관람이라는 행위는 작품과 관람자의 개인적인 소통이므로 모든 작품을 보겠다는 목표를 세우는 것도 사실 부질없는 셈이다. 다만 마음이 가는 작품들을 보면서 다른 시대에 살았던 작가의 예술세계를 느낀다면 더없이 좋을 것이다.

내셔널 갤러리가 자리한 트라팔가 광장

　내셔널 갤러리와 관계 있는 다른 문화 콘텐츠도 많다. 전 세계에서 내셔널 갤러리를 주제로 발행된 단행본만 해도 셀 수 없고, 2014년에 프레데릭 와이즈먼이 감독한 〈내셔널 갤러리〉는 이곳에서 이루어지는 예술 작품의 복원, 교육, 행정 그리고 관람객들의 교감을 카메라에 담은 다큐멘터리로, 러닝타임이 장장 3시간 정도다. 내셔널 갤러리는 이제 또 다른 분야에 예술적 영감을 불어넣어 주고 창조력을 키워주는 장소가 된 것이다.

　넬슨 제독의 동상이 우뚝 선 트라팔가 광장을 내려다보고 있는 내셔널 갤러리는 1824년에 처음 문을 열었다. 당시 영국 정부가 한 은행가의 소장품 38

점을 구입해 공개하면서 갤러리의 역사가 시작되었다. 이곳이 문을 열기 전까지는 대영 박물관에서 회화 작품도 함께 전시했지만 내셔널 갤러리 개관 이후 양쪽의 역할이 분명히 나뉘었다. 현재는 총 66개 전시실에서 2300여 점이 넘는 작품을 소장하고 있다. 루벤스의 〈삼손과 데릴라〉, 라파엘의 〈카네이션의 성모〉, 클로드 모네의 〈라 그르누예르의 수영객들〉, 고흐의 〈해바라기〉, 폴 세잔의 〈대수욕도〉, 윌리엄 터너의 〈전함 테메레르의 마지막 항해〉 등이 내셔널 갤러리에 소장된 유명 작품이다.

소장품 외에 한시적으로 개최하는 기획 전시도 꾸준히 열린다. 무료로 회화 2300여 점을 감상할 수 있는데, 굳이 티켓을 구입해 기획전까지 관람하는 이들이 많을까 싶지만 워낙 아이디어가 뛰어나고 귀한 작품들을 전시하기 때문에 내셔널 갤러리의 기획전은 항상 인기다. 2014년에는 암스테르담 반 고흐 뮤지엄에서 소장하고 있는 〈해바라기〉를 대여해와 내셔널 갤러리에 있는 고흐의 〈해바라기〉와 비교 관람할 수 있도록 나란히 전시하기도 했다. 또한 2014년 가을부터 2015년 초까지는 렘브란트의 후기 작업을 집대성한 전시(《Rembrandt: The Late Works》)가 인기를 끌었다.

 단순한 관람을 넘어 약간의 지식을 함께 얻고 싶다면 오디오 가이드를 대여하는 방법도 있지만 1시간 동안 진행되는 무료 가이드 투어를 이용해도 좋다. 미술전문가가 특정 시간에 모인 관람객들을 이끌고 주요 작품들을 설명해 주는 프로그램으로 매일 11시 30분과 오후 2시 30분, 두 차례 진행된

내셔널 갤러리

- Trafalgar Square, London, WC2N 5DN
- +44 (0)20 7747 2885
- Tube | 차링 크로스(Charing Cross) 역에서 도보 2분
- 오전 10시~오후 6시, 금요일은 저녁 9시까지 오픈

다. 금요일에는 저녁 7시, 주말에는 오후 4시 투어가 추가로 진행된다. 크리스마스 연휴를 포함해 연중 단 4일만 문을 닫고 매주 금요일에는 9시까지 문을 연다. 뿐만 아니라 금요일 저녁 시간에는 특별한 프로그램들이 기다리고 있다. 미술 작품과 음악을 함께 즐기도록 마련된 클래식 음악회나 재료를 모두 제공하는 그림 강의 등 다른 미술관에서 흔히 접하기 힘든 이색적인 프로그램을 진행한다.

Select 02

역사 속의
인물들과 만나다

'포트레이트' 레스토랑과
국립초상화미술관
National Portrait Gallery

초상화만으로 이토록 다양한 컬렉션을 갖출 수 있을까? 처음 이곳에 갔을 때 어리둥절했던 기억이 있다. 수백 년 전에 활약한 영국 위인들의 초상화만 즐비할 것이란 예상을 깨고 동시대를 살아가는 유명 배우들의 모습까지 만나게 되면서 단순히 고루하다고 여겨온 미술관의 이미지가 한순간 바뀌었다. 내셔널 갤러리 바로 옆에 자리한 이곳은 국립초상화미술관 National Portrait Gallery이다. 초상화라는 한 가지 테마만 전시하기에 지루하리라고 생각하는지 내셔널 갤러리와 마찬가지로 입장료가 없고 접근성이 좋은 위치임에도 유명세가 덜한 편이며, 내셔널 갤러리를 방문한 관광객들도 이곳은 그냥 지나치는 경우가 많다. 하지만 트라팔가 광장까지 왔다면 국립초상화미술관을 한번쯤 들러보라고 추천하고 싶은데, 따분하게 느껴지는 위

국립초상화미술관 전시실

인이나 영웅의 이미지를 뛰어넘는 반가운 인물들의 얼굴과 마주할 수 있다.

1856년 세계 최초로 문을 연 국립초상화미술관은 초상화 미술관 중 세계에서 가장 다양한 컬렉션을 갖추고 있다. 영국의 역사와 문화에 기여해 온 인물들의 초상화를 한 자리에 전시해 그들의 업적을 기리고자 개관한 이후 점차 작품 수가 늘어나면서 현재는 페인팅, 조각, 사진 작품 등을 포함해 소장품이 총 20만 점에 이른다. 모든 작품들을 한꺼번에 전시하지는 않고 빛에 손상될 염려가 있는 작품들은 노출을 최대한 줄이기 위해 연중 돌아가며 전시하기도 한다. 헨리 8세, 윈스턴 처칠, 셰익스피어, 나이팅게일, 제인 오

국립초상화미술관

- St. Martin's Pl, London, WC2H 0HE
- +44 (0)20 7306 0055
- Tube | 차링 크로스(Charing Cross) 역에서 도보 3분
- 오전 10시~오후 6시, 목요일과 금요일은 저녁 9시까지 오픈

런던의 주요 명소들이 한눈에 보이는 포트레이트 레스토랑

스틴 등 역사적인 인물들의 초상화를 비롯해 엘리자베스 1세의 대관식 장면이나 당시 의회의 모습 등도 전시되어 흥미를 끈다. 또 작품마다 인물들의 의상과 장신구, 표정 묘사가 탁월해 당시의 복식과 시대 상황 등을 짐작해 볼 수 있다.

국립초상화미술관은 작가보다는 작품 속 인물이 주인공이라는 점에서 다른 갤러리들과 큰 차이가 있다. 15, 16세기의 작품들은 유명 인물들의 초상화지만 작자 미상인 경우가 많고 20세기부터 현재에 이르는 작품에는 우리와 동시대를 살았던 사람들이나 현재 활동하고 있는 인물들이 등장한다. 엘리자베스 2세, 다이애나 왕세자비, 토니 블레어와 마거릿 대처 전 영국 총리 등 영국의 로열 패밀리와 정치인들의 초상화는 물론 비틀스와 이안 맥켈런, 주디 덴치 등 대중적 인기를 누린 영국 셀러브리티들도 보인다. 앤디 워홀이 팝아트로 표현한 롤링스톤스 멤버 믹 재거의 모습도 반갑다.

내셔널 갤러리와 마찬가지로 이곳에서는 관람객들이 전시 작품을 모작하는 것을 허락한다. 특히 국립초상화미술관에서는 저녁 9시까지 개관하는 목요일과 금요일 저녁 시간에 고즈넉한 전시실에 앉아 이젤과 그림 도구를 펼쳐놓고 전시된 작품을 따라 그리는 사람들이 적잖이 보인다. 또 저녁 시간에 방문한다면 3층 포트레이트 레스토랑Portrait Restaurant에서 환상적인 전망과 야경을 감상할 수 있다. 트라팔가 광장의 넬슨 제독 동상, 국회의사당과 빅벤, 런던아이 등 런던의 주요 관광명소들이 한눈에 들어오는 위치다. 이곳은 영화 〈클로저〉에서 줄리아 로버츠와 클라이브 오웬이 대화를 나누던 레스토랑으로도 유명한데 영화 속 그들의 상황은 심각했지만 테이블 너머의 통유리로는 장관이 펼쳐졌다. 또 영화로 본 낮 풍경도 좋지만 저녁에는 아름답게 조명이 들어온 런던 풍경을 감상할 수 있다. 포트레이트 레스토랑은 애프터눈 티와 식사 메뉴 구성이 좋고 직원들의 세심한 서비스로 호응을 얻고 있다. 여기에 근사한 전망이 더해져 런더너들도 생일처럼 특별한 날에 방문하는 곳으로 만약 이곳에서 식사 계획이 있다면 사전에 꼭 창가 좌석을 예약할 필요가 있다.

공장건물이 감각적인
미술관으로
테이트 모던
Tate Modern

        템스 강을 가로지르는 다리 중 최초이자 유일한 보행자 전용 다리가 밀레니엄 브리지다. 다리 위에 올라서면 앞으로 비스듬히 뻗어나가는 구조 덕분에 반대편에서 걸어오는 사람들의 모습도, 양 옆으로 펼쳐진 템스 강과 맞은편 풍경도 독특한 느낌으로 다가온다. 이 다리의 양쪽에 자리한 것은 세인트 폴 대성당과 테이트 모던 Tate Modern 갤러리이다. 밀레니엄이란 말은 이미 낡은 단어가 되었지만 1990년대는 전 세계적으로 다가올 새천년을 기대하며 다양한 프로젝트가 진행되었다. 런던 역시 이 시기에 밀레니엄 프로젝트를 추진했고 2000년 완공된 밀레니엄 브리지와 테이트 모던 갤러리가 이 프로젝트의 일환이었다.

1 | 화력발전소 건물의 외양이 남아 있는 테이트 모던 갤러리
2 | 테이트 모던 갤러리에 있는 이우환 작가의 작품
3 | 테이트 모던 갤러리 6층 레스토랑
4 | 3층에 있는 에스프레소 바의 테라스

테이트 모던 갤러리 전시실

　런던의 대표적인 현대미술관인 테이트 모던은 웅장한 건축미를 자랑하는 다른 대형 미술관과는 사뭇 분위기가 다르다. 나는 외관만 봐서는 미술관이라 상상하기 힘든 이 건물에 어떤 이야기가 깃들어 있을지 궁금했던 기억이 있다. 본래 제2차 세계대전 직후 전력 공급을 위해 세워진 뱅크사이드 화력발전소가 전신인 이 건물은 1981년 공해 문제로 문을 닫았다. 이후 1994년 영국 정부와 테이트 재단이 템스 강변에 방치되어 있던 이 건물을 새로운 현대미술관으로 탈바꿈시키겠다는 계획을 세웠고, 공모전을 통해 지원한 수많은 건축가 그룹 중 헤르초크 & 드 뫼롱이 건축설계를 맡았다. 벽돌 외관은

테이트 모던

- Bankside, London, SE1 9TG
- +44 (0)20 7887 8888
- Tube | 서덕(Southwark) 역에서 도보 10분
- Bus | 45, 63, 100 등을 타고 블랙프라이어스 브리지 로드(Blackfriars Bridge Road)에서 하차
  RV1, 381, 344 등을 타고 서덕 브리지 로드 (Southwark Bridge Road) 또는 서덕 스트리트(Southwark Street)에서 하차
- 오전 10시~오후 6시, 금요일과 토요일은 저녁 10시까지 오픈

남겨둔 채 내부만을 개조해 여전히 우뚝 솟은 99m의 공장 굴뚝은 오늘날 테이트 모던의 상징이 되었다. 흥미로운 점은 기존의 화력발전소 건물을 지은 건축가 길스 길버트 스콧이 런던의 아이콘 중 하나인 빨간 공중전화 박스를 디자인한 인물이라는 사실이다. 그러고 보면 스위스의 건축회사인 헤르초크 & 드 뫼롱은 새롭게 리모델링을 하면서도 기존 건물을 지었던 영국 건축가의 디자인을 존중하고 영국 역사의 흔적을 최대한 그대로 살려둔 셈이다.

개관 직후부터 명소로 떠올라 이제는 전 세계에서 가장 사랑받는 현대미술관 중 하나로 손꼽히는 테이트 모던은 1900년대부터 현재까지의 현대미술 작품들을 전시하고 있다. 한국의 대기업도 테이트 모던에 작품을 기증하거나 장기 파트너십을 맺어 작가를 후원하면서 전시를 개최하고 있다. 템스 강변을 산책하다 보면 자연스럽게 건물에 들어서게 되는데 이때 갤러리에서 가장 인상적인 공간인 터빈 홀Turbine Hall을 만나게 된다. 외부를 향해 입구가 넓게 뚫려 있고 안으로 들어갈수록 낮아지는 공간은 테이트 모던이 모두에게 열려 있는 미술관임을 상징하고 있다.

　테이트 모던은 일반적인 전시 방식에서 벗어나 새롭게 전시관을 구성하고 있다. 연대순이 아니라 주제별 전시를 하는 것이다. 그래서 관람을 하다 보면 다른 국가와 다른 시대를 살았던 클로드 모네와 한국 이우환 작가의 작품이 한 전시실에 걸려 있는 생경한 장면을 보게 되기도 한다. 7층 건물 중 3개 층에서 전시가 열리는데 꼭 둘러보라고 추천하고 싶은 곳은 초현실주의 작품들을 만날 수 있는 'Poetry and Dream' 전시실이다. 피카소, 살바도르 달리, 후안 미로, 프랜시스 베이컨, 앙리 마티스 등의 유명 작품들이 전시되어 있고, 그래서 가장 붐비는 전시실이기도 하다.

　전시 후에는 서점에 꼭 들러볼 필요가 있다. 여타 미술관의 기념품 숍과는 확연히 차별화된 서점으로, 다른 곳에서 찾아볼 수 없는 미술 서적들과 선물 아이템이 많다. 테이트 모던은 템스 강변에 자리한 만큼 카페나 레스토랑의 전망도 뛰어나다. 강변을 향해 자리한 3층의 에스프레소 바는 가벼운 먹거리와 음료를 즐기며 쉬어가기 좋고, 6층 레스토랑은 통유리 너머로 템스 강과 밀레니엄 브리지, 세인트 폴 대성당의 풍경이 펼쳐져 창가 좌석이 항상 인기다. 뿐만 아니라 훌륭한 와인 리스트를 갖추고 있어 맛있는 와인들을 글라스 단위로 마실 수 있으니, 이곳에서 식사할 때는 와인 한 잔을 곁들이면 좋다.

세계 최대의
디자인 & 장식 미술관
빅토리아 앤 알버트 뮤지엄
Victoria and Albert Museum

　　　　　　　　　　빅토리아 앤 알버트 뮤지엄^{Victoria and Albert Museum}, 흔히
V&A 뮤지엄이라 불리는 곳에 처음 방문한 순간이 아직도 생생하다. 공연을
보기 위해 사우스 켄싱턴 역에서 내려 로열 알버트 홀^{Royal Albert Hall}로 가던 길
이었다. 공연 시작까지 시간이 꽤 남아, 근처에 있는 미술관을 둘러보기로 했
다. 즉흥적인 선택에 이끌려 들어간 곳이 바로 V&A 뮤지엄. 이곳의 첫인상
은 화려함이었다. 들어서자마자 눈에 들어오는 로비 천장의 거대한 유리 샹
들리에는 한참을 고개를 들고 올려다보게 만들 정도로 압도적이었다. 나중에
알게 된 사실인데 이 샹들리에는 유리공예의 거장 데일 치훌리의 작품으로,
세계에서 가장 규모가 큰 장식 미술관인 V&A 뮤지엄의 상징과도 같은 작품
이었다. 당시 전시실을 둘러보며 들었던 생각은 이곳을 스무 번 정도 더 방문

하면 원하는 만큼 제대로 관람할 수 있겠다는 것이었다. 소장품은 그 정도로 다양했고, 또 매력적이었다. 그 뒤 실제로 스무 번까지 가지는 못했지만 사우스 켄싱턴 지역에 갈 때마다 종종 들렀고, 장식과 디자인을 아우르는 광범위한 컬렉션 덕분에 갈 때마다 감탄하곤 했다.

영국의 왕립박물관 중 하나인 V&A 뮤지엄은 빅토리아 여왕 재임 시기인 1852년, 여왕과 그녀의 부군 알버트 공의 이름을 따 개관했다. 전시실을 보다 보면 자연스레 컬렉션의 '기준'이 궁금해진다. 국가별로 구성된 전시실에 수세기 전의 장식품들이 놓여 있기도 하고, 시대별로 패션의 흐름을 보여주는 다양한 의상들도 있으며, 심지어 로댕의 조각품들은 마치 통로에 놓아둔 것처럼 관람객들의 동선 사이사이에 배치되어 있다. 중세부터 근대, 동서양과 분야를 막론한 미술 작품들에 눈이 휘둥그레진다. 이 모든 것을 아우르는 V&A 뮤지엄의 키워드는 '아트&디자인'이다. 450만 점에 이르는 소장품은

1 | V&A 뮤지엄의 유리 샹들리에, 데일 치훌리의 작품
2 | V&A 뮤지엄 전시실
3 | V&A 뮤지엄의 패션과 복식 관련 전시

빅토리아 앤 알버트 뮤지엄

◉ | Cromwell Road, London, SW7 2RL
☎ | +44 (0)20 7942 2000
Tube | 사우스 켄싱턴(South Kensington) 역에서 도보 4분
◷ | 오전 10시~오후 5시 45분, 금요일은 저녁 10시까지 오픈

V&A 뮤지엄에 전시된 조각품들을 스케치하는 관람객들

 문고리 하나, 창살 하나에 표현된 섬세한 문양을 주제로 전시가 구성되기도 하며 가구와 도자기, 조명 등 인테리어와 생활용품 디자인을 중심으로 꾸민 전시실도 있다. 시각적인 아름다움을 다양한 방식으로 보여줘 특히 여성 관람객들에게 큰 사랑을 받고 있다.
 V&A 뮤지엄의 강점 중 하나는 실력파 큐레이터들의 기획력이 돋보이는 전시가 지속적으로 개최된다는 점이다. 기획전의 면면은 참신하고 흥미롭다. 2014년 봄부터 약 10개월 동안 지난 200년간의 웨딩드레스 변천사를 한눈에 볼 수 있는 전시를 개최하기도 했고, 2015년 봄부터 8월 초까지는 영국의 패션디자이너 알렉산더 맥퀸의 대규모 회고전을 최초로 개최했다. 또 이곳은 매년 9월 개최되는 런던 디자인 페스티벌의 주요 전시장이기도 하다. 세계 디자인의 중심도시로 꼽히는 런던에서도 디자인 허브 역할을 하는 V&A 뮤

지엄은 페스티벌이 열릴 즈음 디자인 축제를 위한 특별한 작품을 추가로 설치한다. 디자이너들이 마음껏 역량을 펼칠 수 있도록 선뜻 공간을 내줘 과감한 소통을 시도하는 것이다.

관람 후에는 꼭 정원에 나가보길 추천한다. 미술관 입구에서 거대한 유리 작품을 통해 받았던 첫인상의 강렬함에 버금가는 풍경이 기다리고 있다. 실내 카페에서 자연스럽게 이어지는 야외로 나가면 미술관 건물에 둘러싸인 정원이 나타나고, 가운데 인공연못을 중심으로 앉아서 쉴 수 있는 공간이 있다. 이곳 카페의 베이커리 메뉴도 훌륭하므로 커피 한 잔과 함께 스콘을 맛보는 것도 좋은 경험이 될 것이다. 카페와 야외정원 때문에 V&A 뮤지엄을 방문한다는 이들도 많은데 매주 금요일에는 밤 10시까지 개관하므로 금요일에 방문해 저녁까지 여유로운 시간을 보내는 것도 좋은 일정이다.

TIP : 사우스 켄싱턴 역에서 내려 뮤지엄 방향으로 나오면 'Exhibition Road'라는 길이 나온다. 이 길을 중심으로 V&A 뮤지엄을 비롯해 영화 〈패딩턴〉의 주요 장면 촬영지였던 자연사 박물관Natural History Museum, 과학을 주제로 한 사이언스 뮤지엄Science Museum이 함께 자리하고 있다. 자연사 박물관과 사이언스 뮤지엄은 아이들이 흥미를 느낄 만하고 교육적 요소도 많아 가족이 함께 방문하기 좋은 곳이다.

영국 대표 화가, 터너의 작품들과 만나다
테이트 브리튼
Tate Britain

　자국 아티스트에 대한 영국인의 사랑은 각별하다. 동시대를 살아가는 역량 있는 아티스트들이 예술세계를 펼칠 수 있도록 지원해주는 프로그램들이 다양하고, 과거 위대한 예술가들의 작업을 기리기 위한 노력도 게을리 하지 않는다. 역사적으로 영국이 사랑하는 대표적인 문학가가 셰익스피어라면, 대표적인 화가는 19세기 최고의 풍경화가 윌리엄 터너다. 그는 낭만이고 환상적인 스타일의 독자적 화풍을 수립했고 여러 유럽 국가들을 여행하며 많은 풍경화를 그렸다. 이후 인상파 화가들에게도 큰 영향을 끼친 인물로 평가받고 있다. 영국이나 아일랜드, 유럽의 많은 미술관에서 터너의 작품을 하나씩은 소장하고 있는 경우가 많으므로 한번 보면 잊혀지지 않는 그의 동적이면서 오묘한 화풍을 만나는 것은 그리 어렵지 않다. 그

테이트 브리튼의 외관

중에서도 300점이 넘는 주요 유화 작품을 포함해 수많은 수채화와 스케치 작품 등 가장 많은 터너의 작품들을 소장하고 있는 곳이 테이트 브리튼$^{Tate Britain}$이다.

 테이트 모던을 운영하는 테이트 재단의 미술관 중 하나인 테이트 브리튼은 영국의 미술작품들에 초점을 맞춘 갤러리다. 사업가 헨리 테이트 경이 자신의 소장품을 기증하면서 영국 미술품을 위한 갤러리를 지을 자금도 지원해 1897년 문을 열었다. 이곳은 어느 방향에서 접근하느냐에 따라 상당히 다른 분위기가 느껴지는데 고전적인 돔 양식의 건축물 이외에 점점 소장품이 늘어남에 따라 증축을 하며 규모가 커졌다. 테이트 브리튼은 16세기부터 현재에 이르는 영국 작가들의 컬렉션이 뛰어나 영국 미술에 대해 이곳만큼 잘 보

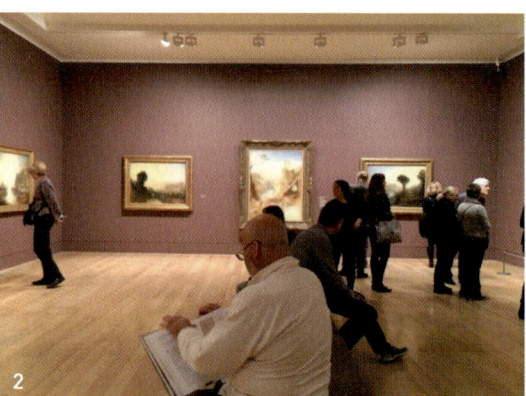

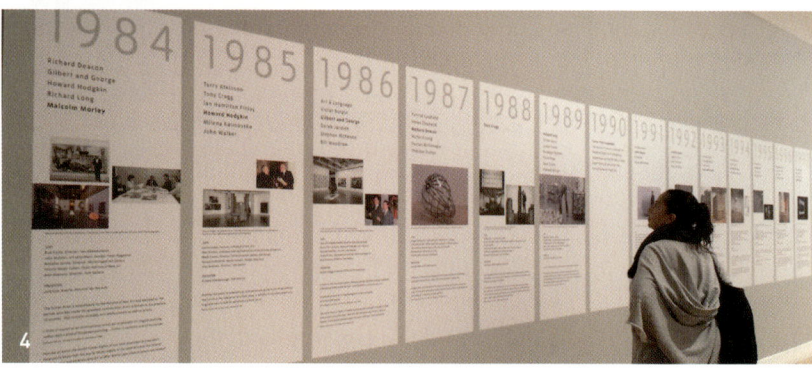

테이트 브리튼

- 📍 | Millbank, London, SW1P 4RG
- ☎ | +44 (0)20 7887 8888
- Tube | 핌리코(Pimlico) 역에서 도보 8분
- Bus | 87 밀뱅크(Millbank) 역 하차, 88, C10 등을 타고 존 아이슬립 스트리트(John Islip Street)에서 하차
- 🕐 | 오전 10시~오후 6시

1 | 테이트 브리튼의 외관
2, 3 | 터너의 작품들을 만날 수 있는 테이트 브리튼의 전시실
4 | 역대 터너상 수상자들을 소개한 전시 공간

여주는 미술관이 없다고 해도 과언이 아니다. 존 컨스터블, 단테 가브리엘 로제티 등 역사적으로 영국을 대표하는 작가들과 데이비드 호크니, 피터 블레이크 등 현대 작가들의 주요 작품들을 이곳에서 만날 수 있다. 소장품은 작가별, 주제별로 전시되어 있으며 터너의 컬렉션부터 우선적으로 보고 싶다면 안쪽에 있는 클로어 갤러리 Clore Gallery를 찾아가면 된다.

이쯤 되면 테이트 브리튼을 이야기할 때 빼놓을 수 없는 한 가지인 터너 상 Turner Prize에 대한 이야기를 하고 싶다. 이름에서 쉽게 예상할 수 있듯 화가 터너의 이름을 따 제정한 이 상은 테이트 브리튼이 주관하는 영국 최고의 미술상이자 세계적으로도 가장 권위 있는 미술상 중 하나다. 1984년 영국 현대미술가들을 장려하기 위해 제정했고, 가장 주목할 만한 활동을 보여주고 있는 50세 미만의 작가에게 수여한다. 외국 국적을 가지고 있어도 영국에서 활동

하는 미술가는 후보가 될 수 있으며, 후보로 선정된 4명의 작가들은 매년 가을 즈음부터 테이트 브리튼에서 전시회를 개최하며 최종 수상자는 12월에 발표된다. 나는 테이트 브리튼에서 터너 상 전시를 본 적이 있는데, 전시 기간 동안에는 관람객들이 자유롭게 감상을 남기는 공간도 마련해 관객 참여를 유도하는 방식이 인상적이었다. 역대 수상자들의 면면을 보면 현재 세계 미술계에서 거장 반열에 오른 작가들이 일찌감치 터너 상을 수상했음을 알 수 있다. 이제는 너무나 익숙한 이름으로 유명세를 떨치고 있는 데미안 허스트는 1995년 터너 상을 수상했고, 2014년 아카데미 시상식에서 작품상을 수상한 영화 〈노예 12년〉 감독인 스티브 맥퀸은 1999년 비디오 아티스트로서 이 상을 수상한 바 있다. 언제라도 볼거리가 많은 테이트 브리튼이지만 방문 시기가 늦가을 즈음이라면 터너 상 전시 관람도 덤으로 즐기며, 현대미술계의 핫한 작가들의 세계를 엿보고 수상자를 점쳐보는 재미도 누릴 수 있다.

놓치기 아까운 인상파 회화 컬렉션
코톨드 갤러리
The Courtauld Gallery

코톨드 갤러리The Courtauld Gallery에 별명처럼 따라다니는 수식어가 하나 있다. '런던의 숨은 보석'이라는 것이다. 운 좋게 방문했거나 혹은 먼저 다녀온 이들의 추천으로 코톨드 갤러리를 찾은 이들이 극찬을 하며 덧붙이는 말이다. 직접 이곳에 가보니 흔히 관광객들이 찾아가는 미술관은 아니라는 점에서 숨어 있다는 표현도, 주옥 같은 컬렉션을 갖추고 있다는 점에서 보석 같다는 표현도 꼭 맞는 듯했다. 코톨드 갤러리는 런던의 다른 주요 미술관들에 비하면 작품 수가 많지 않고 유명세도 떨어지는 편이다. 하루 종일 둘러봐도 시간이 모자랄 것 같은 내셔널 갤러리가 있는데 굳이 이곳에 가야 하는 이유가 무엇이냐고 묻는 사람도 있을 것이다. 하지만 이곳에 전시된 단 한 작품만 이야기해도 이 질문에 대한 답이 될 것 같다. 세계에서 단 두

1 | 코톨드 갤러리 전시실
2 | 코톨드 갤러리가 자리한 서머셋 하우스
3 | 고흐의 〈귀에 붕대를 감은 자화상〉

코톨드 갤러리

- Strand, London, WC2R 0RN
- +44 (0)20 7872 0220
- Tube | 템플(Temple) 역에서 도보로 4분, 차링 크로스(Charing Cross) 역에서 도보 9분
- Bus | 6, 9, 11, 13, 15, 23, 77A, 81, 176 등
- 오전 10시~오후 6시, 마지막 입장 5시 30분

작품밖에 없는 고흐의 귀를 자른 모습의 자화상 중 하나인 〈귀에 붕대를 감은 자화상〉이 놀랍게도 여기에 있다. 런던 대부분의 미술관이 무료입장인 것과 달리 7파운드의 입장료를 받는 곳이지만 몇몇 작품만으로도 그 가치가 충분하기 때문에 조용한 소규모 미술관에서 귀한 명화를 관람하길 원한다면 코톨드 갤러리가 최고의 장소라 할 수 있다.

1932년 코톨드 미술연구소 The Courtauld Institute of Art의 부속 갤러리로 개관한 코톨드 갤러리는 사업가 사무엘 코톨드를 비롯한 몇몇 미술품 수집가들의 기부를 통해 컬렉션을 갖추게 되었다. 이탈리아 르네상스 작품들부터 21세기에 이르기까지의 회화, 드로잉, 조각, 장식 작품들 중에서도 특히 유명하고 관람객들의 사랑을 받는 컬렉션은 인상파와 후기 인상파 회화다. 앞서 언급한 고흐의 작품 외에도 마네 최후의 걸작으로 꼽히는 〈폴리 베르제르의 술집〉, 모네의 〈아르장퇴유의 가을 인상〉, 고갱의 〈꿈〉, 드가의 〈무대 위의 두 무희〉 등 오래도록 발걸음을 떼지 못하게 만드는 작품들로 가득하다. 또 20세기 회화들 중에서는 프랑스 야수파 작가들의 훌륭한 컬렉션을 갖춘 것으로 유명해 마티스와 드랭, 뒤피 등의 작품을 만날 수 있다. 관람을 하다가 그냥 지나치지 않고 챙겨봐야 할 천장화도 있다. 오스트리아의 오스카 코코슈카의 대작 〈프로메테우스 삼절화〉가 그것이다. 그 밖에도 샹들리에, 벽난로, 나선형 계단 등 갤러리 공간을 구성하는 요소 하나하나가 작품처럼 아름답고 고전적이다. 더욱 매력적인 사실 하나는 이 공간을 사적인 용도로 빌릴 수 있다는 것인데, 명작들로 둘러싸인 공간에서 파티를 개최하거나 프라이빗한 저녁식사를 할 수도 있으니 일반적인 미술관의 역할을 훌쩍 뛰어넘는 셈이다.

코톨드 갤러리가 자리한 서머셋 하우스 Somerset House 건물은 코톨드 갤러리보다 오랜 역사를 자랑한다. 16세기부터 영국 왕실과 귀족들이 이 건물을 이용했고, 18세기에 건축가 윌리엄 챔버스 경이 신고전주의 양식으로 새롭게 건축했으며 이후 확장을 거쳐 지금의 모습을 갖추게 되었다. 서머셋 하우스는 워터루 브리지 근처 템스 강변에 자리하며 코벤트 가든과도 가깝다. 현재 다양한 문화 행사 공간으로 이용되고 있는데 이곳에서 런던 패션 위크가 열리고, 와인 테이스팅 행사가 진행되기도 한다. 서머셋 하우스 입구 오른쪽에 코톨드 갤러리가 있고 맞은편에는 아트숍이 있으며, 갤러리와 아트숍 건물을 지나 안쪽으로 들어가면 넓은 광장이 나타난다. 여름에는 분수쇼가 열리고 겨울에는 아이스링크를 개장해 스케이트를 탈 수 있는 곳이다. 해가 일찍 지는 런던의 겨울이지만 이 시기 서머셋 하우스는 아이스링크 위로 은은하게 비치는 조명으로 로맨틱한 분위기를 연출한다. 영화 〈러브 액츄얼리〉의 스케이트장 장면을 떠올린다면 처음 방문하더라도 익숙한 느낌을 받을 것이다.

뜨거운
현대미술의 현장
화이트 큐브 & 사치 갤러리
White Cube & Saatchi Gallery

런던은 미술계에서 '세계 디자인 수도'라 불린다. 그렇다면 현대미술의 경우는 어떨까? 그보다 조금 더 강렬한 수식어가 있다. 영국이 '세계 현대미술의 제국'이라는 것이다. 런던은 그 제국의 수도이기에 그 위상을 짐작할 수 있다. 미술 작품을 이야기할 때 과거의 작가들 중 영국이 내세울 만한 인물은 윌리엄 터너 정도다. 물론 더 많은 영국 작가들이 있지만 다른 국가들과 비교해 봤을 때 영국 미술은 명성과 영향력 면에서 그리 화려하지 못했다. 하지만 현대미술로 넘어오면 이야기가 달라진다. 세계적으로 활약하고 있는 영국 작가들의 활동과 작품은 혁신적이고 역동적이며 영향력이 막강하다. 그 중심에는 작가들을 발굴하고 대중에게 소개하는 현대미술 갤러리들이 중요한 역할을 담당하고 있다. 런던에서 현대미술 갤러리들

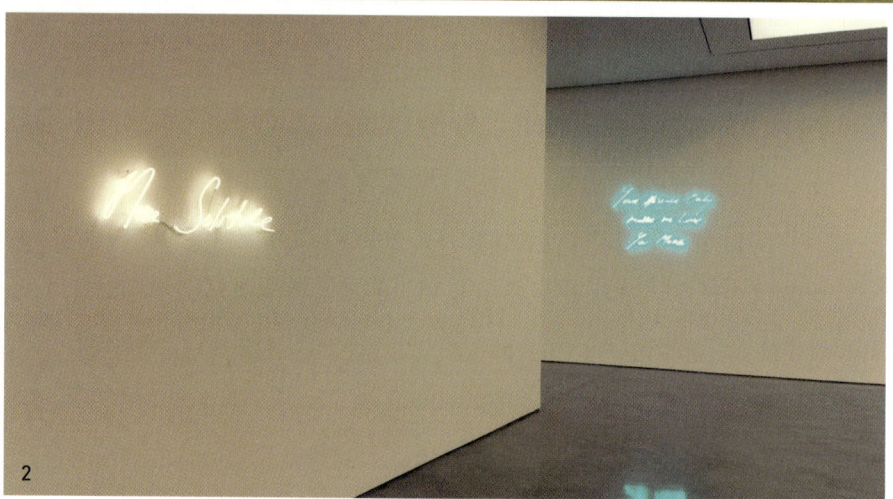

1 | 사치 갤러리 2 | 화이트 큐브 갤러리에 전시된 트레이시 에민의 작품

을 둘러보는 것이 가치 있는 경험이 될 수 있는 것은 이런 이유에서 다. 현대미술관 중 테이트 모던 갤러리를 먼저 둘러봤다면 이제 생동감 넘치고, 현재 전 세계에서 가장 핫한 작가들의 작품을 만날 수 있는 런던의 메이저 갤러리들로 발길을 돌려보는 것도 좋다.

버몬지에 자리한 갤러리 화이트 큐브 White Cube는 이름 그대로 새하얀 공간이 관람객들을 묘하게 끌어들인다. 1993년 아트 딜러인 제이 조플링이 설립한 뒤 영국의 젊은 예술가 그룹 'YBAs Young British

화이트 큐브 갤러리

- 144-152 Bermondsey Street, London, SE1 3TQ
- +44 (0)20 7930 5373
- Tube | 런던 브리지(London Bridge) 역에서 도보 9분
- 오전 10시~오후 6시(화~토요일), 낮 12시~오후 6시 (일요일), 월요일 휴관

사치 갤러리

- Duke Of York's HQ, King's Road, London, SW3 4RY
- +44 (0)20 7811 3070
- Tube | 슬론 스퀘어(Sloane Square) 역에서 도보 4분
- Bus | 11, 19, 22, 49, 211, 319 등을 타고 킹스 로드(King's Road)에서 하차, 11, 137, 211 등을 타고 로어 슬론 스트리트(Lower Sloane Street)에서 하차
- 오전 10시~오후 6시

Artists'의 전시를 개최하고 가능성 있는 아티스트들을 발굴해 명성을 쌓아왔다. 현재 런던에서는 메이슨스 야드와 버몬지 두 곳에서 갤러리를 운영하고 있고 상파울루와 홍콩에도 갤러리가 있다. 2011년 문을 연 버몬지의 화이트 큐브가 가장 넓으므로 메이슨스 야드보다는 이곳을 먼저 방문해 보는 것이 좋다. 화이트 큐브는 영국이 낳은 스타 작가 데미안 허스트를 발굴했으며 미국의 척 클로스와 독일의 안젤름 키퍼의 전시를 개최해 화제가 되었다. 2014년 가을, 나는 버몬지의 화이트 큐브에 갔다가 운 좋게도 세계적인 설치 작가인 트레이시 에민의 전시를 관람했다. 사람을 홀리는 듯한 화이트 큐브의 공간 속에 전시된 유명 작품들을 감상하는 것은 관람이라기보다 체험에 가까웠다. 그리고 전시관의 규모와 무관하게 전시 작가들의 이름만으로도 세계 미술계에서 큰 영향력을 발휘하는 갤러리라는 사실을 다시 한 번 확인할 수 있었다.

이와 함께 소개하고 싶은 갤러리는 런던의 부촌인 첼시 지역에 자리한 사치 갤러리Saatchi Gallery다. 슬론 스퀘어 역에서 내려 5분 정도 걸어가면 탁 트인 잔디밭 안쪽으로 웅장하고 고풍스러운 건물이 나타난다. 사치 갤러리는 1985년 찰스 사치Charles Saatchi가 자신이 수집한 작품들을 전시하기 위해 런던 북부에 설립했고, 이후 템스 강변의 사우스뱅크로 이전했다가 다시 지금의 위치에 자리 잡았다. 본래 설립자가 관심을 가졌던 미국 미니멀리즘과 팝아트를 중심으로 미국 작가들의 작품을 전시하다가, 화이트 큐브와 마찬가지로 영국의 젊은 예술가 그룹 전시를 개최하며 영국 작가들 후원에도 힘썼다. 2015년 갤러리 오픈 30주년 때에는 홈페이지를 통해 그간의 전시품을 한눈에 볼 수 있도록 공개했다. 앤디 워홀, 제프 쿤스, 레이첼 와이트리드, 데미안 허스트 등 미국 작가들부터 영국 현대미술의 위상을 드높인 작가들까지 사치 갤러리를 거쳐간 작가들의 면면이 화려하다. 중요한 것은 그들이 지금 거장이 되었지만 사치 갤러리에서 처음 전시를 할 당시에는 그렇지 않았다는 사실이다. 젊은 작가들의 가능성을 알아보고 세계무대로 나아갈 수 있도록 지원하는 역할을 충실히 해왔기에, 현재 사치 갤러리는 영국 현대미술의 판도를 바꾸었다는 평가를 받는다.

TIP 1 : 두 갤러리 외에도 화이트 채플 갤러리Whitechapel Gallery, 사우스뱅크의 헤이워드 갤러리Hayward Gallery, 하이드 파크 내의 서펜타인 갤러리Serpentine Gallery 등이 런던의 주요 현대미술 갤러리다. 전시가 없는 기간에는 다음 전시를 준비하기 위해 문을 닫는 경우가 있으니, 어떤 전시를 하고 있는지 일정을 미리 확인해 보고 방문해야 한다.

TIP 2 : 슬론 스퀘어 역에서 사치 갤러리로 가는 킹스 로드King's Road는 런던에서도 땅값이 비싸기로 유명한 곳이다. 런던의 청담동이라 할 수 있는 이 지역은 소박한 맛보다는 럭셔리한 멋이 느껴지는 동네다. 사치 갤러리를 방문하는 날 킹스 로드에서 여러 브랜드 매장들을 둘러보며 첼시 지역의 분위기를 느껴보는 것도 좋다.

• Select 08 •

소박하고 거칠지만
너무나도 예술적인 공간

작가들의 취향이 담긴
독특한 갤러리들

　　　　　　　　　세계에서 가장 영향력 있는 큐레이터로 꼽히는 스위스 출신의 한스 울리히 오브리스트는 런던에서 활동하고 있다. 나와 이메일 인터뷰를 했던 그에게 런던에서 가장 좋아하는 공간이 어디인지 물었다. 몇몇 장소를 언급한 그의 답변 중 깜짝 놀랄 만한 곳이 있었는데, 바로 런던 이스트 지역인 해크니 기차역 플랫폼에 자리한 소규모 갤러리였다. 세계 미술계의 거물로부터 추천받은 곳이 숨어 있는 듯 작은 갤러리라 어리둥절했지만 호기심이 생겨 직접 가볼 수밖에 없었다. 나는 'Platform 1'이라는 농담 같은 주소를 손에 들고 해크니 역 안에 들어가 1번 플랫폼을 찾아갔다. 실제로 배너 리피터Banner Repeater라는 이름의 작은 갤러리의 문 밖으로 기차가 지나다녔다. 입구의 작은 서점 같은 공간에는 작가들에 관한 자료를 모아둔 아카이브

해크니 역에 자리한 배너 리피터

가 있고 안쪽 단 하나의 전시실에는 영상 작품이 상영되고 있었다. 내게 이곳을 추천한 한스 울리히 오브리스트는 주요 상업 갤러리들과 확연히 분위기가 다른 이 비영리 갤러리를 작가가 직접 운영하는 '아티스트 런 스페이스Artist-run Space'라고 알려주었다. 이런 공간이야말로 말 그대로 '작가의, 작가에 의한, 작가를 위한' 갤러리가 아닐까 싶다.

소박하고 거칠면서도 특유의 예술적인 분위기에 반한 나는 한동안 비슷한 의도로 운영되고 있는 공간들을 찾아다니며 전시를 관람했다. 런던을 좀 더 깊숙하게 들여다보고 싶다면 더할 나위 없이 흥미로운 공간들이었다. 이런 갤러리들이 런던 1존 중심가에 자리한 경우는 거의 없지만 그렇다고 못 찾아갈 정도로 외곽도 아니다. 찾아가는 길이 마치 배너 리피터 못지않게 생소했

1 | 매츠 갤러리로 향하는 마일 엔드 공원 입구
2 | 레이븐 로우 건물 외관
3 | 배너 리피터의 아카이브
4 | 레이븐 로우 전시실

배너 리피터
- Platform 1, Hackney Downs railway station, London, E8 1LA
- Tube | 해크니 다운스(Hackney Downs) 역에서 3분
- 오전 8시~오전 11시(화~목요일), 오전 8시~오후 6시(금요일), 낮 12시~오후 6시(토요일), 일요일과 월요일은 휴관

매츠 갤러리
- 42-44 Copperfield Road, London, E3 4RR
- +44 (0)20 8983 1771
- Tube | 마일 엔드(Mile End) 역에서 10분
- 낮 12시~오후 6시(수~일요일), 월요일과 화요일은 휴관

레이븐 로우
- 56 Artillery Lane, London, E1 7LS
- +44 (0)20 7377 4300
- Tube | 리버풀 스트리트(Liverpool Street) 역에서 4분
- 낮 12시~오후 6시(수~일요일), 월요일과 화요일은 휴관

오토 이탈리아 사우스 이스트
- Unit 2, Rubicon Court, 3 York Way, King's Cross, London, N1C 4AE
- +44 (0)20 3479 1222
- Tube | (King's Cross)역에서 12분
- 낮 12시~오후 6시, 전시기간에만 오픈

던 갤러리가 한 곳 더 있다. 마일 엔드 역에 내려서 마일 엔드 공원을 가로질러 한적한 시골길을 산책하는 기분으로 10여 분 걷다 보면 매츠 갤러리Matt's Gallery가 나타난다. 간판은 작았지만 내가 방문했을 때는 외관에 여러 장의 카드보드를 붙여놓아 멀리서도 입구가 눈에 띄었다. 알고 보니 갤러리 이름을 크게 적어둔 카드보드 역시 작가의 작품이었다. 1979년 문을 연 매츠 갤러리는 영국의 가능성 있는 작가들을 일찌감치 알아보고 소개해 왔다. 이곳을 거쳐간 뒤 터너 상 후보에 오르며 주목받은 영국 현대미술 작가들도 여럿이다. 배너 리피터와 마찬가지로 입구에 아카이브가 마련돼 있는데 전체적인 규모는 더 큰 편이다.

런던의 여러 아티스트 런 스페이스 중에서는 꽤 알려진 공간인 오토 이탈리아 사우스 이스트Auto Italia South East는 2007년 설립되었다. 유리문을 열고 들어서자마자 젊은 작가들 특유의 참신한 분위기가 느껴진다. 이곳을 운영하고 있는 세 아티스트들이 자체적인 전시를 개최하거나 신진 작가들과의 컬래버레이션 전시를 종종 개최하고 있다.

4층 건물로 다른 비영리 갤러리에 비해 규모가 큰 레이븐 로우Raven Row는 영국의 유명한 슈퍼마켓 체인인 세인스버리의 상속자 알렉스 세인스버리가 2009년 문화 후원을 목적으로 오픈한 갤러리다. 1690년 지어진 오래된 집을 갤러리로 개조했는데, 마룻바닥이 삐걱거릴 것 같은 고전적인 인테리어에 모던한 화이트 톤이 독특한 조화를 이룬다. 게다가 이 공간에서 전시하고 있는 것은 동시대 작가들의 작품이라 과거와 현대의 경계가 자연스레 무너진 분위기다. 설립자의 의도대로 상업적인 갤러리들과 달리 실험적이면서도 다양한 전시를 하고 있다.

오토 이탈리아 사우스 이스트

런더너들의
주말 풍경,
마켓을 방문하다

사고파는 이들의 활기

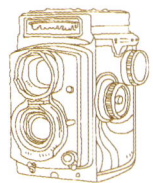

여행이라는 게 그렇다. 아무리 이야기를 많이 들었어도 직접 가서 생생한 현장을 느끼고 나면 기존 이미지가 완전히 새롭게 바뀌곤 한다. 런던에서 마켓들을 둘러보라고 권했을 때, 많은 사람들이 여행지에서 볼 만한 마켓이라는 게 다 비슷하지 않느냐는 반응을 보였다. 하지만 대부분 일단 한 곳에 다녀오고 나면 다른 마켓들을 더 찾아가는 경우가 많았다. 현장에서 직접 느낀 분위기가 생각보다 활기차고 구경하는 재미도 기대 이상이었기 때문일 것이다. 꼭 무언가를 사지 않아도 사람들 사이에 섞여 여기저기를 둘러보는 것만으로도 신나는 곳이 런던의 마켓들이다. 앤티크 마켓이나 먹거리 마켓처럼 테마가 있는 마켓도 있고 특정 지역의 분위기가 느껴지는 마켓도 있다. 관광객들에게 잘 알려진 마켓부터 젊은 유러피언들로 가득한 마켓, 그리고 관광객보다는 현지인에게 큰 사랑을 받고 있는 주말 마켓까지, 사고파는 이들의 에너지가 넘치는 현장을 찾아가보자.

• Select 01 •

런던 최대의
푸드 마켓

버로우 마켓
Borough Market

런던에서 가장 유명한 마켓은 단연 대표적인 푸드 마켓인 버로우 마켓Borough Market이다. 런더너들이 일상적으로 식재료를 구입하는 시장일 뿐만 아니라 런던을 찾은 관광객들도 빠지지 않고 들르는 곳이다. 또 유명 셰프들이 요리에 사용할 식재료를 사기 위해 버로우 마켓을 찾기도 하는데, 영국에서 여러 개의 TV 요리 프로그램을 진행하는 스타 셰프인 제이미 올리버가 이곳에서 신선한 식재료를 구한다고 밝혀 더욱 유명해졌다. 영화 〈브리짓 존스의 일기〉에 등장했고 새비지 가든의 뮤직비디오로 더욱 유명해진 버로우 마켓은 음식에 관한 한 아주 트렌디한 장소로 떠올랐다.

버로우 마켓 입구에는 모던한 간판이 걸려 있고 상점별로 좌판의 구성도 깔끔하게 정돈된 구조라 얼마나 오래된 마켓인지 쉽게 가늠되지 않지만, 역

사적으로 처음 언급된 것은 1276년이고, 서덕 지역에 1000년도 더 전인 1014년부터 자리했다고 한다. 이후 런던 브리지 근처인 지금의 자리로 위치를 옮기고 현대로 넘어오면서 좌판의 구성이나 디자인이 새롭게 바뀌기도 했지만 11세기부터 사람들은 이 지역에서 먹거리를 사고팔며 재래시장을 형성해 왔다. 그래서 버로우 마켓은 런던에서 가장 오래된 마켓이자 가장 접근성이 좋은 마켓이란 영광스러운 수식어까지 달고 있다. 사실 서덕 지역은 과거 런던에서 가난한 자치구 중 하나였는데 지금의 활력을 되찾는 데는 버로우 마켓의 역할이 컸다는 평가가 있다. 예전에는 청과물 위주의 시장이었다면 최근에는 완성품 먹거리도 늘어났고, 영국에서 생산된 식품들 외에도 다문화 도시인 런던의 푸드 마켓답게 세계 여러 나라의 식재료와 음식을 판매하는 상

> **버로우 마켓**
>
> 📍 | 8 Southwark Street, London, SE1 1TL
> ☎ | +44 (0)20 7407 1002
> Tube | 런던 브리지 역에서 도보로 4분
> 🕐 | 오전 10시~오후 5시(수, 목요일), 오전 10시~오후 6시(금요일), 오전 8시~오후 5시(토요일), 일요일 휴무

이제는 와인컴퍼니로 성장한 버로우 와인

인들이 모였다.

버로우 마켓까지 종종 산책 삼아 걷곤 했던 나는 여러 가지 질 좋은 식재료를 시식하고 구입하는 게 주말 나들이만큼 즐거웠다. 사실 집 바로 옆에 있는 대형 슈퍼마켓인 테스코나 세인스버리에 가는 것이 더 편하고 가격도 저렴하지만 재래시장에서는 슈퍼마켓에서 누릴 수 없는 재미가 있다. 버로우 마켓에는 100개가 넘는 좌판이 있는데, 각 좌판의 주인들은 직접 재배한 채소나 과일, 베이커리 등 생산부터 판매까지 전 과정을 책임진 상품을 가지고 나온다. 그래서 질문을 하면 재료에 대한 설명을 충분히 해주고 일단 먹어보고 결정하라는 시식 인심도 후한 편이다. 오랫동안 한 좌판에 자리를 잡고 장사를 하다 보니 유명해진 상인들도 꽤 있다. 노스 요크셔에 농장을 가지고 있는 진저 피그The Ginger Pig는 신선한 육류와 소시지, 햄 등을 구입할 수 있는 인기 매장이다. 런던 브리지와 사우스 켄싱턴을 포함해 런던의 몇몇 지역에서 타파

버로우 마켓에 자리한 베이커리, 브레드 어헤드

스 레스토랑을 운영하고 있는 브린디사^{Brindisa}도 버로우 마켓 안에 매장을 열고 세라노 햄, 초리조, 올리브 오일, 스페니시 치즈 등을 판매한다. 와인도 빼놓을 수 없다. 아예 '버로우'란 이름을 딴 버로우 와인^{Borough Wine}은 2002년 마켓 내의 작은 좌판 하나로 시작해 독립적인 와인 회사로 성장한 경우다. 지금은 버로우 마켓을 포함해 런던 전역에 6개의 와인 매장과 레스토랑 하나를 운영하고 있는데, 직원들이 와인 추천을 잘해줄 뿐만 아니라 버로우 와인이 단독으로 수입해 유통하는 맛있는 와인이 많아 들어갈 때마다 빈손으로 나온 적이 없다.

버로우 마켓에는 워낙 다양한 음식과 식재료가 있어 먹거리에 조금이라도 관심이 있는 사람이라면 천국이라고 느낄 것이고, 잠시 먹고 마시면서 쉬어가길 원하는 이들도 행복한 시간을 보낼 수 있다. 홈메이드 소스와 잼을 마음껏 시식할 수 있고, 종류별로 잔뜩 쌓아놓은 치즈 덩어리를 뚝뚝 잘라 종이에 둘둘 말아 파는 치즈를 구입해 저녁에 간단한 안주로 곁들여보는 것도 재미있다. 여유가 있다면 주변 지역도 천천히 둘러보길 권한다. 마켓에서 벗어나자마자 보이는 또 하나의 와인 매장 와인 팬트리Wine Pantry는 영국 와인을 전문적으로 취급하는 와인 숍으로, 다른 나라에서는 쉽게 맛볼 수 없는 영국 스파클링 와인을 단 몇 파운드에 글라스 단위로 시음할 수 있다. 그 길을 따라 조금 더 안쪽으로 걸어가면 영국 커피 컴퍼니로 유명한 몬머스 커피Monmouth Coffee가 나타나고, 그 옆에는 제철 재료를 활용해 다양한 메뉴를 선보이는 영국 레스토랑 엘리엇 카페Elliot's Cafe가 있다. 먹고 마시는 것을 즐기는 모든 이들에게 추천할 만한 명소다.

Select 02

빈티지의 매력이
돋보이는

올드 스피탈필즈 마켓 &
브릭 레인 마켓

Old Spitalfields Market & Brick Lane Market

런던 1존의 동쪽인 리버풀 스트리트와 쇼디치 하이 스트리트 역에 내리면 가볼 만한 마켓 두 곳이 가까운 곳에 자리하고 있다. 빈티지의 매력을 느낄 수 있는 올드 스피탈필즈 마켓Old Spitalfields Market과 브릭 레인 마켓Brick Lane Market이 바로 그곳이다. 이 지역은 서울의 홍대 같은 곳이다. 젊은이들이 즐겨 찾는 지역이고 무엇보다도 브릭 레인 마켓이 있는 쇼디치 지역이 언젠가부터 젊은 예술가들이 모인 트렌디한 동네로 떠올랐기 때문이다. 낮에는 마켓의 활기와 분주함으로 가득하고 밤 시간에는 클럽이나 바에 가기 위해 클러버들이 모여든다.

리버풀 스트리트 역에서 내릴 경우 먼저 등장하는 것은 올드 스피탈필즈 마켓이다. 350년이 넘는 오랜 역사를 자랑하지만 건물의 홀 안에 시장을 형

성해 다른 재래시장들과 달리 현대적인 박람회장을 연상시키는 구조다. 통로가 넓고 깔끔해 둘러보기 좋고 비가 오는 날에도 맘놓고 쇼핑할 수 있다. 올드 스피탈필즈 마켓은 갈 때마다 다른 분위기를 풍기는데, 요일에 따라 다른 좌판이 펼쳐지기 때문이다. 목요일에는 앤티크 마켓으로 핸드메이드 액세서리와 골동품을, 금요일에는 개성 있는 의류와 아트 관련 상품을, 토요일에는 매주 빈티지나 디자이너 제품 등 주제에 따른 마켓이 열리고 일요일에는 패션 아이템부터 작가들이 직접 그린 그림, 그리고 각종 먹거리까지 판매하는 대규모 시장이 선다. 토요일과 일요일에 마켓이 가장 붐비지만 장이 서지 않는 월요일부

브릭 레인 마켓이 열리는 올드 트루먼 브루어리. 오래 전에는 맥주공장이었다

올드 스피탈필즈 마켓

| 16 Horner Square, Spitalfields, London, E1 6EW
☎ | +44 (0)20 7375 2963
Tube | 리버풀 스트리트 역에서 도보로 약 10분
| 오전 10시~오후 6시(월~금요일), 오전 11시~오후 5시(토요일), 오전 10시~오후 5시(일요일)

터 수요일까지라도 마켓 내의 레스토랑과 숍은 문을 연다.

    쇼디치 지역에서 가장 붐비는 길 이름인 브릭 레인은 현재 젊은 런더너들에게 가장 사랑받는 장소다. 올드 스피탈필즈 마켓에서 걸어서 5분 정도면 도착하는 브릭 레인 마켓 근처에는 일요일에만 열리는 선데이 업 마켓Sunday Up Market, 백야드 마켓Backyard Market 등 두세 가지 다른 종류의 마켓이 열린다. 마켓이 서는 중심 건물인 올드 트루먼 브루어리Old Truman Brewery는 오래전 맥주 양조장이었고 지금은 여러 패션 매장과 먹거리 코너, 이벤트 공간으로 변신해 젊은 디자이너들과 아티스트들이 자신들이 만든 물건을 직접 판매한다. 또 마켓 주변을 돌아보다 보면 종종 여러 디자이너 브랜드의 파격적인 샘플

1 | 브릭 레인 마켓의 거리 연주자들
2 | 브릭 레인 마켓의 거리 풍경
3 | 브릭 레인의 디자이너 팝업 몰

쇼디치 거리의 그래피티 작품

세일이 펼쳐져 뜻밖의 '득템'도 노려봄직하다.

  브릭 레인 마켓은 빈티지를 주제로 쇼핑하기 좋은 장소이기도 한데, 마켓이 열리지 않는 평일에 방문한다면 이곳에서 그리 멀지 않은 곳에 있는 빈티지 숍들을 돌아보길 추천한다. '빈티지 백화점'이라 불러도 좋을 법한 대표적인 빈티지 숍들 중에는 블리츠Blitz와 비욘드 레트로Beyond Retro가 유명하고 규모도 크다. 그 밖에도 골목골목 크고 작은 빈티지 숍들이 많으므로 각기 다른 컬렉션과 디스플레이에 따라 주인장의 취향을 느껴보는 것도 브릭 레인 쇼핑의 빼놓을 수 없는 재미다. 쇼디치 하이 스트리트 역 바로 입구에도 시선을

> **브릭 레인 마켓**
>
> ⊙ | 91 Brick Lane, London, E1 6QR
> ☎ | +44 (0)20 7770 6028
> Tube | 쇼디치 하이 스트리트 역에서 도보로 약 10분
> ⊙ | 오전 9시~오후 5시(매주 일요일)

끄는 쇼핑몰이 있다. 현대적인 '박스 상점'으로 기획된 컨테이너 팝업몰 박스파크Boxpark인데, 빈티지는 아니지만 젊은 감성의 다양한 브랜드와 신선한 아이템을 선보이는 매장들이 입점해 있다.

   사실 브릭 레인에서 할 만한 건 쇼핑만이 아니다. 조금 더 안쪽으로 들어가 골목을 걷다 보면 쇼디치 지역 거리 구석구석에 컬러풀한 그래피티 작품들이 눈에 띈다. 누구 작품인지 알 수 없고 하룻밤 사이에 완전히 새로운 작품으로 바뀌기도 하는 벽화들은 예술인지, 공공기물 파손인지에 대한 논란이 늘 따라다니지만 방문객들에겐 주요 볼거리가 된 지 오래다. 이런 스트리트 아트를 따라가는 투어 프로그램이 있을 정도다. 또 주말에는 록, 힙합, 어쿠스틱 등 다양한 장르의 거리 공연들이 펼쳐져 분위기를 돋우니 브릭 레인에서는 먼저 분위기를 느끼며 즐기는 것이 우선이고, 쇼핑은 덤이다.

· Select 03 ·

영화 〈노팅힐〉과
〈패딩턴〉의 촬영지
포토벨로 마켓
Portobello Market

　　　　　　노팅힐은 런던에서도 서정적이고 로맨틱한 이미지를 간직한 지역 중 한 곳이다. 아직도 영화 〈노팅힐〉 이야기를 하느냐고 반문하는 이들이 있을지 모르겠지만, 휴 그랜트를 로맨틱한 영국 배우의 대명사로 만든 작품 중 한 편이고 이 작품이 개봉한 지 십수 년이 지난 지금까지도 여전히 로맨틱 코미디의 정석으로 평가받고 있어 영화 속 로맨스의 여운은 여전한 것 같다. 많은 런던 방문객들이 노팅힐을 일정에 넣는 이유도 영화의 영향력 때문이지만 안타깝게도 영화 속의 서점은 문을 닫았다. 하지만 노팅힐 거리에서 사운드트랙 'She'를 흥얼거리며 주인공들이 등장했던 장소를 직접 거닐어보는 것도 런던 여행에서 하나의 추억이 될 수 있다. 얼마 전에는 영화 〈패딩턴〉이 노팅힐의 명물인 포토벨로 마켓Portobello Market의 빈티지 숍에서 촬

영을 해 이 지역에서 놓치지 말고 둘러봐야 할 곳이 하나 더 늘었다.

노팅힐의 여유롭고 조용한 주택가 지역은 런던에서도 집값이 상당히 비싼 부촌이다. 이곳에서 포토벨로 마켓이 자리한 곳은 포토벨로 로드 Portobello Road 인데, 이 길에 여러 숍들과 레스토랑, 카페 등이 줄지어 서 있다. 평소에는 한적한 분위기지만 장이 서는 토요일에는 노팅힐 게이트 역에서부터 사람들의 발걸음이 이어진다. 역에서 나와 걷다 보면 곧 포토벨로 마켓 초입이 나타나는데, 파스텔톤의 알록달록한 건물들이 거리의 전체적인 인상을 화사하게 만들고 있다. 이 건물들을 지나 시작되는 포토벨로 마켓에는 장이 서는

포토벨로 마켓

- | Portobello Rd, London, W11 2DY
- Tube | 노팅힐 게이트(Notting Hill Gate) 역에서 도보로 약 10분
- 오전 9시~오후 6시(월~수요일), 오전 9시~오후 1시(목요일), 오전 9시~오후 7시(금, 토요일)

날에 청과물과 잡화, 푸드 등을 파는 노점상이 약 1km 거리에 줄지어 들어선다. 포토벨로 마켓은 19세기 신선한 과일을 사고파는 장소에서 시작됐는데, 1940~50년대에 많은 앤티크 상인들이 이곳에 정착한 뒤 앤티크 제품들이 이 마켓을 대표하게 되었다. 지금은 영국에서 가장 큰 앤티크 시장으로 성장해, 포토벨로 마켓을 앤티크 마켓으로 소개하는 사람들이 많다.

포토벨로 마켓에서 만날 수 있는 제품은 은제 그릇 세트를 비롯한 식기와 도자기, 오래된 장난감, 클래식 카메라 등 세월의 흔적이 느껴지는 아이템들이다. 영화 〈패딩턴〉에서 곰이 찾아간 중고상점 거리와 골동품 숍이 자리한 곳도 바로 포토벨로 마켓이다. 많은 사람들이 영국에서 클래식한 매력을 기대하므로 앤티크 마켓이란 이유만으로도 한번쯤 돌아볼 만한 가치가 있다. 상점 내에 자리한 멋스러운 앤티크 가구 같은 고가 아이템에는 선뜻 손이 가지 않더라도 좌판에 펼쳐진 예쁜 찻잔이나 은수저, 액세서리 등을 마음껏 구경하고 눈여겨봐둔 제품을 구입해 가는 이들이 많다. 안쪽으로 좀 더 들어가 보면 중고 물품을 판매하는 잡화 벼룩시장이 이어진다. 이곳을 둘러보다 보면 더 이상 쓸모가 없는 낡은 물건이라도 누군가에게는 요긴한 물건이 될 수 있다는 사실을 새삼스레 재확인하고 사물의 생명력에 대해 생각하게 된다.

 포토벨로 마켓은 다른 마켓들보다 관광객들이 많고 기념품 가게도 즐비해 그만큼 상업적이라는 이미지도 강하다. 시장에서 벗어나 노팅힐 지역의 분위기를 좀 더 제대로 느끼고 싶다면 웨스트본 그로브Westbourne Grove를 잠시 걸어보길 권한다. 포토벨로 로드에서 불과 5분 거리에 있지만 포토벨로 마켓과는 정반대로 조용한 분위기에 고급스러운 의류 편집 숍과 카페, 레스토랑, 작은 갤러리들이 자리하고 있다. 방문자 입장에서는 관광객들로 북적이는 앤티크 마켓과 상류층 주거지와 쇼핑 거리 등 상반된 분위기를 경험해 볼 수 있는 지역이 바로 노팅힐이다.

꽃을 든
런더너들

콜럼비아 로드 플라워 마켓
Columbia Road Flower Market

런던에서는 꽃을 사는 것이 마트에서 장을 보는 일만큼이나 일상적이라는 생각이 종종 든다. 선물하기 위해 꽃을 사는 경우보다 집 안 테이블 위에 놓기 위해 생필품을 사듯 꽃 한 다발을 집어 쇼핑카트에 넣는 모습을 쉽게 볼 수 있기 때문이다. 대형 슈퍼마켓은 물론이고 작은 편의점에서도 꽃을 포장해 두고 4, 5파운드에서 20파운드까지 가격대별로 판매하고 있다. 런던에서 꽃을 사는 행위는 굳이 꽃집을 찾지 않아도, 포장에 신경 쓰지 않아도 되는 간편하고 쉬운 일이다. 그렇다고 꽃을 사는 행위 자체가 가진 특별한 느낌이 줄어드는 건 아니다. 오히려 가까이에서 자주 구입하는 만큼 일상의 멋과 여유는 배가되는 기분이다. 나는 슈퍼마켓에 갈 때마다 마음에

드는 꽃이 있으면 한 다발씩 사와 집에 꽂아두곤 했다. 그리고 좀 더 다양한 종류의 꽃을 사고 싶거나 기분전환을 하고 싶을 때는 꽃시장을 찾아갔다. 영국은 가드닝으로도 유명한 나라가 아니던가.

런던의 대표적인 꽃시장으로는 복스홀의 뉴 코벤트 가든 마켓^{New Covent Garden Market}과 이스트 지역에 자리한 콜럼비아 로드 플라워 마켓^{Columbia Road Flower Market}을 꼽을 수 있다. 뉴 코벤트 가든 마켓은 주로 원예업계 종사자들이 찾는 곳으로, 광활하다 싶을 정도로 넓은 공간에서 식물들과 각종 원예 도구 등을 판매하는 도매시장이다. 하지만 이른 새벽에 문을 열어 오전 10시면 문을 닫기 때문에 일반 관광객이 시간 맞춰 가기가 쉽지 않다. 일반인들이 시장 분위기를 느끼고 구경하는 재미를 누릴 수 있는 곳은 콜럼비아 로드 플라워 마켓이다. 꽃과 식물로만 이어진 좌판을 돌아보며 꽃 사이를 걸어다니는 기분이 그렇게 황홀할 수가 없다. 수많은 생소한 꽃들이 이름표를 달고 양동이에 가득 꽂혀 있고, 색색의 빛깔과 은근히 섞인 향기가 마켓의 활기를 북돋운다. 꽃을 파는 상인들은 대부분 재배자의 아들이나 손자 같은 가족들로, 가격도 슈퍼마켓이나 편의점보다 저렴하다. 무엇보다도 꽃을 사기 위해, 혹은 구경하기 위해 모여든 사람들 사이에서만 느낄 수 있는 분위기가 있다. 아름다운 것을 발견하고 행복해 하는 이들의 밝은 표정이 이 마켓의 정체성인 듯하다.

일요일에만 오전 8시부터 오후 2~3시까지 열리는 콜럼비아 로드 플라워

콜럼비아 로드 플라워 마켓

- | Columbia Road, London, E2 7RG
- Tube | 베스널 그린(Bethnal Green) 역, 올드 스트리트(Old Street) 역에서 도보로 15분
- Bus | 26, 48, 55, 8, 388번 등을 타고 퀸스 브리지 로드(Queensbridge Road)에서 하차해 도보로 4분
- 오전 8시~오후 3시(매주 일요일)

마켓은 브런치를 즐기기에도 좋은 장소다. 점심 이후보다는 오전이 더 한산하므로 조금 일찍 방문해 마켓을 둘러보고 카페에서 모닝 커피와 스콘 한 조각으로 아침 시간을 즐긴다면 일상이, 혹은 여행지에서의 시간이 한층 여유로워지는 기분이 들 것이다. 그리고 잠시 '꽃을 든 사람들'을 구경하는 즐거움도 누려보자. 자신의 정원, 혹은 거실 어딘가에 놓을 커다란 화분을 안고 가는 이의 뒷모습, 곁에 있는 사람에게 꽃 한 다발을 안겨주는 커플의 행복한 얼굴, 스스로를 위한 꽃을 선물한 듯 한 손에는 꽃다발을, 또 한 손에는 테이크아웃 커피를 들고 집으로 돌아가는 사람들의 모습을 보고 있노라면 꽃을 사는 행위가 일상 속 기쁨을 사는 것과 매한가지라는 생각이 든다.

콜롬비아 로드 플라워 마켓은 크지 않지만 정겨운 분위기가 넘치는 시장이다. 마켓이 열리는 길 양쪽에는 가드닝 재료를 비롯해 소품과 그릇 등을 판매하는 가게들과 작은 갤러리가 있어 꽃 구경 외에도 볼거리가 많다. 또 이곳에는 로열 오크 The Royal Oak라는 유명한 펍이 하나 있다. 평소에는 피시 앤 칩스를 포함한 일반적인 영국식 메뉴를 판매하는데 아주 인기가 많아 저녁 시간에는 꼭 예약을 해야 한다. 일요일에는 마켓이 열리는 시간에 맞춰 오전 8시부터 오후 2시까지 펍의 안뜰에 카페 공간이 마련된다.

Select 05

현지인들이 사랑하는
해크니의 토요일 마켓

브로드웨이 마켓
Broadway Market

     브로드웨이 마켓Broadway Market을 알게 된 건 런던의 유명 마켓들과 꽤 친근해졌을 즈음이었다. 내게 이곳을 알려준 사람은 영국인 미식 칼럼니스트다. 런던 구석구석 맛있고 재미있으며 이야깃거리가 많은 곳들을 찾아다니며 글을 쓰는 그녀가 가장 좋아하는 마켓으로 브로드웨이 마켓을 꼽은 것이다. 관광객들에게 잘 알려진 마켓 외에도 동네마다 개성을 갖춘 다양한 마켓이 많은 런던인데, 이곳의 어떤 점이 그녀를 사로잡았는지 궁금해 토요일 오전 해크니로 달려갔다.

     위치로만 보면 브로드웨이 마켓은 그리 접근성이 좋지 않다. 쇼디치나 캠든에서는 멀지 않지만 런던 1존 중심가 위주로 여행을 하는 이들에게는 일부러 찾아가야 하는 곳이기 때문이다. 달리 말하면 그만큼 현지인들이 주로 방

보로드웨이 마켓의 생선가게, 핀 앤 플라운더

브로드웨이 마켓

- | Broadway Market, London, E8 4PH
- Tube | 베스널 그린(Bethnal Green) 역에서 도보 17분
- Bus | 394, 236번 등을 타고 브로드웨이 마켓(Broadway Market) 하차 후 도보로 2분
- | 오전 9시~오후 5시(매주 토요일)

문하는 곳으로 런더너들의 일상을 엿볼 수 있는 마켓이라는 뜻이다. 예전에는 해크니가 런던 이스트 지역 중에서도 분위기가 우중충한 공장지대나 낙후된 지역으로 알려졌지만, 몇 년 사이 역동적이고 쿨한 분위기가 넘치는 젊은 예술가들의 아지트라는 이미지로 바뀌었다. 브로드웨이 마켓은 이 지역의 대표적인 마켓으로, 토요일 아침 9시부터 오후 5시까지만 운영한다. 원래 차가 다니는 길이지만 마켓이 열리는 시간에는 차량이 모두 통제되고 천막 아래 좌판이 들어선다.

기본적으로 파머스 마켓 성격을 띤 브로드웨이 마켓은 신선한 과일과 야채, 즉석에서 갈아주는 생과일 주스, 케이크와 빵, 각종 유기농 재료들을 판매해 음식을 좋아하는 이스트 지역의 힙스터들이 모인다. 음식 외에도 꽃과 수공예품을 비롯해 직접 그린 카드를 판매하는 디자이너나 특이한 모양의 단

추, 수공예 장식품, 빈티지 의류와 가방 등을 가지고 나온 상인들도 많다. 브로드웨이 마켓만의 특징이라면 단순히 장을 보기 위해 나온 이들이나 구경을 온 런던 방문객들보다는 주로 동네 사람들이 삼삼오오 어울려 시간을 즐긴다는 점이다. 이런 자유로운 느낌 덕분에 시장이라기보다 매 주말 열리는 동네 파티 같다는 생각이 절로 들고, 'I love Broadway Market'이라 적힌 에코백을 하나 사 메고 사람들 속에 합류해 어울리고 싶어진다.

브로드웨이 마켓은 2004년 정식 오픈했고 2014년 10주년 기념 행사를 열었다. 이 마켓이 해크니에 활기를 더하고 분위기를 밝게 만든 덕분에 장이 열리는 길 양쪽에 작은 디자이너 부티크들과 서점, 레스토랑, 펍 등이 들어서며 동네가 활성화되었는데, 걷다 보면 하나같이 들어가보고 싶지 않은 곳이 없을 정도로 개성이 넘친다. 그중에서도 마켓 입구에 자리한 도브 The Dove는 영국 에일뿐 아니라 벨기에를 비롯한 유럽의 다양한 맥주를 갖추고 있고 영국식 메뉴와 채식주의자들을 위한 브런치, 선데이 런치 등 음식 메뉴가 다양해 현지인들에게 사랑받는 곳이다. 길 중간에 자리한 클림슨 앤 손스Climpson & Sons는 커피 맛이 좋기로 유명하고, 그 근처엔 모던 스타일의 생선가게 핀 앤 플라운더Fin and Flounder가 있다. 얼음 위에 늘어놓은 생선이 아주 싱싱해 보이고, 직원이 화이트 와인과의 매칭을 제안해 사람들의 발길을 끈다.

  브로드웨이 마켓 끝에는 런던 필즈London Fields라는 근사한 공원이 있다. 공원마저도 해크니 지역의 정서를 닮은 듯, 정돈되거나 꾸며지기보다는 자유로운 느낌이 가득하다. 또 가을에 코스모스가 만발한 풍경은 비현실적일 정도로 아름답다. 브로드웨이 마켓에서 간단한 먹거리를 사들고 런던 필즈에 가서 시간을 보내는 것은 런던의 토요일을 가장 행복하게 즐기는 법 중 하나다.

TIP : 영국 여행자들이 쇼핑을 위해 찾아가곤 하는 버버리 팩토리 숍이 위치한 곳이 바로 해크니 지역이다. 브로드웨이 마켓에서 236번 버스를 이용하면 갈 수 있고, 도보로도 20분 정도 걸리는 거리다.

예나 지금이나 변함없는
젊은이들의 천국
캠든 마켓
Camden Market

　　　　　　　　런던에서 자라고 학교를 다닌 직장인들은 캠든 지역을 종종 '추억의 장소'라 말하곤 한다. 1980~90년대 학창시절에 친구들과 어울려 다닌 장소라는 것이다. 그래서 요즘은 갈 일이 없다는 말을 덧붙이기도 한다. 그렇다면 요즘 캠든 타운을 누비는 이들은 누구일까? 바로 지금의 젊은이들이다. 몇몇 대학교와 지리적으로 가까워 언제나 10대와 20대 초반의 젊은이들이 가득한 걸 보면, 그때나 지금이나 캠든 지역은 젊은이들에게 사랑받는 지역임에 분명하다. 거리 분위기가 펑키하고 특이한 가게들이 많아서 서울의 이태원과 비교할 수 있는데, 청춘을 대변하는 지역이라는 점에서는 대학로나 홍대 앞도 연상된다.
　　유행의 흐름이 몇 번은 새롭게 바뀌고 지나갔을 동안 캠든이 젊은 세대들

캠든 마켓

Camden High Street, London, NW1 8NH
+44 (0)20 7485 5511
Tube | 캠든 타운(Camden Town) 역에서 도보 1분
오전 9시 30분~오후 5시 30분

1 | 캠든 마켓의 풍경
2 | 캠든 거리 숍의 개성 있는 간판
3 | 내리자마자 거리의 활기가 느껴지는 캠든 타운 역

에게 지속적으로 사랑받는 이유는 뭘까? 캠든 타운 역에 내리자마자 느껴지는 활기찬 분위기에서 그 답을 찾을 수 있다. 역에서 나오자마자 펼쳐진 거리에 줄지어 서 있는 트렌디한 숍들이 시선을 잡아끈다. 특히 이색적이고 화려한 간판들이 이곳의 특징으로, 거대한 오브제가 매달린 장식적인 간판이 곧 그 숍의 개성을 드러내준다. 커다란 운동화나 날개, 청바지 등을 입구에 매단 외관과 화려한 실내 디스플레이의 튀는 매력에 이끌려 발길 가는 대로 구경하다 보면 시간 가는 줄 모를 정도다.

개성 넘치는 물건들로 가득 채운 작은 가게들과 좌판이 골목골목 빼곡하게 자리 잡은 캠든 타운에는 몇 개의 마켓이 모여 있다. 그중 캠든 타운의 메인 도로를 걸어 들어가다 오른쪽에서 만날 수 있는 캠든 록 빌리지 마켓^{Camden Lock Village Market}은 세계 각국의 다양한 먹거리가 가득한 곳으로, 줄지어 선 노점에선 특이한 옷과 신발 등 패션 아이템도 판매하고 있다. 또한 캠든의 대표적인 마켓인 캠든 록^{Camden Lock}은 캠든의 마켓 중 규모가 가장 큰 만큼 먹거리부터 패션 아이템, 테이블 웨어, 장식 소품 등 다양한 제품들을 갖췄다. 특히 캠든 마켓에서 재미있는 것은 사람 구경이다. 영국인들뿐만 아니라 다른 유럽 국가에서 온 방문객들이 쇼핑을 즐기는데, 이곳에선 당장이라도 악기를 메고 무대에 오를 것 같은 펑키한 패션이나 그 자체로 강렬한 분위기를 풍기는 고스^{goth} 족들과 마주치는 일이 흔하다.

캠든의 마켓들은 크리스마스를 제외하고는 매일 문을 연다. 물론 평소보다 주말에 더 많은 좌판이 들어서므로 마켓 구경과 쇼핑이 주 목적이라면 주말에 방문하는 것이 좋다. 또 캠든이 젊은이들의 명소임에는 분명하지만 나이와 무관하게 쇼핑할 만한 아이템이 많아, 30대 이후 여행자들도 재미있게 마

캠든 마켓과 이어지는 리젠트 운하

켓을 즐기며 평소 구입해 보지 못한 독특한 아이템을 이용해 일탈과 파격을 시도해 볼 만한 장소다.

동네 분위기와 잘 어울리게 캠든은 런던에서 라이브 음악의 중심지로도 꼽힌다. 몇몇 유명한 클럽과 공연장들이 있어 음악을 사랑하는 이들이 모여드는데 여름 동안 옥상의 바를 오픈하는 코코^{Koko}, 메탈과 록, 인디음악 위주로 공연하는 언더월드^{Underworld} 등의 클럽을 비롯해 라운드하우스^{Roundhouse}와 캠든 바플라이Camden Barfly 같은 공연장도 잘 알려진 곳이다. 마켓 방문과 무관하게 런던 인디 신Indie Scene의 음악을 즐기거나 클럽 분위기를 느껴보고 싶다면 캠든의 라이브 공연 명소들 중 한 곳을 선택해 보길 권한다.

　마켓과 클럽 외에 또 한 가지를 더 꼽자면 캠든에서 리젠트 파크까지 이어지는 리젠트 운하 산책로다. 캠든 타운의 북쪽을 가로지르는 리젠트 운하는 자유분방한 캠든 타운의 분위기에 여유를 더해준다. 4월부터 10월 사이 이곳을 방문하면 워터 버스를 타고 런던의 '리틀 베니스'라 불리는 풍경을 즐길 수 있다. 시간이 넉넉하다면 마켓에서 쇼핑과 먹거리를 즐긴 후 리젠트 운하 산책로를 천천히 걸으며 런던 도심의 분위기를 즐겨보길 권한다. 친절한 팻말을 따라 걷다 보면 런던 동물원London Zoo이나 프림로즈 힐Primrose Hill도 멀지 않으므로 맑은 날씨라면 여유롭게 걸어보는 것도 좋다.

쇼핑을 즐기며
나의 취향을 발견하다

유명 백화점부터 작은 서점까지, 자신만의 보물찾기

잊고 있었는지도 모르겠다. 런던은 뉴욕, 도쿄와 함께 세계 주요 쇼핑 관광지로 꼽히는 도시라는 사실을. 여행을 꽤 다녀봤고, 쇼핑을 상당히 즐기는 이들은 종종 입을 모아 말한다. 쇼핑하기에 런던만 한 곳이 없다고. 이는 여름 시즌과 크리스마스 직후의 빅 세일을 두고 하는 말이기도 하고, 다른 도시가 따라가지 못하는 브랜드 구성의 다양함이나 쇼핑 거리의 분위기를 두고 하는 말이기도 하다. 런던의 클래식한 멋에 취해 쇼핑할 생각조차 못했다면 잠시 주변에 시선을 돌려 자신을 위한 아이템을 한번 찾아보자. 작정하고 리스트를 만들어 쇼핑을 하지 않더라도 런던에서는 꼭 나를 위해 디자인된 것만 같은 아이템을 만날 수 있다. 우아함과 고급스러움의 절정을 선보이는 명품 백화점부터 작은 문구점 분위기의 서점까지, 이 도시는 마치 세상에 존재하는 모든 것들이 공평하게 주목받을 가치가 있다고 말하는 듯하다.

왕실의 기품이
느껴지는 백화점
해롯
Harrods

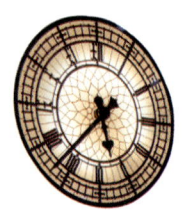

　런던에 한번도 가보지 않은 사람들도 '해롯Harrods'이라는 이름이 익숙한 경우가 많다. 차와 쿠키, 작은 가방이나 인형 등 영국 여행을 다녀온 사람들이 건네는 간단하고도 품격 있는 선물의 이름이라 접할 기회가 많았기 때문일 것이다. 자체 브랜드가 고급스러움의 대명사로 자리 잡은 지 오래인 이 백화점은 왕실에 제품을 납품하며 명실상부 영국 최고 백화점으로 인정받고 있다. 런던 1존 중심가에서 약간 서쪽에 위치한 해롯 백화점은 멀리서 봐도 웅장한 건물이 명성과 위용을 자랑하며, 해가 진 뒤의 외관 조명은 화려한 멋을 더한다.

　해롯 백화점은 물건을 살 계획이 없는 이들에게도 잠시 들러보라고 권하고 싶은 장소다. 런던의 랜드마크 중 하나로 자리 잡은 이곳은 단순히 백화점이

라기보다 영국적인 요소들을 복합적으로 보고 즐기고 느낄 수 있는 명소이기 때문이다. 눈요기만 하더라도 반나절은 충분히 즐거울 정도로 인테리어, 실내 장식, 아이템 구성 등이 탁월하다. 그러므로 해롯 백화점에서 보내는 시간은 쇼핑이라기보다 오히려 미술관 관람에 가깝다. 그 역사도 런던의 웬만한 명소 못지않다. 이집트 출신의 홍차 상인 찰스 헨리 해롯이 1824년 템스 강 남쪽 지역에 설립한 작은 가게로 출발했으며, 1849년 하이드 파크 근처로 옮겨 식료품점으로 사업을 확장해 갔다. 세월이 흐르면서 점차 규모가 커져 유럽을 넘어 세계 주요 백화점 중 하나로 부상했고, 특히 고급 브랜드들을 많이 확보해 런던 상류층은 물론 전 세계 부호들의

해롯 백화점

- 87-135 Brompton Road, London, SW1X 7XL
- ☎ +44 (0)20 8479 5100
- Tube | 나이츠브리지(Knightsbridge) 역에서 도보 5분
- 오전 10시~저녁 8시(월~토요일), 오전 11시 30분~오후 6시(일요일)

빅벤 시계를 연상시키는 벽시계

고급스러운 먹거리로 가득한 해롯 백화점

시선을 끄는 리빙 소품과 디스플레이

사랑을 받고있다.

먼저 로비에는 거대한 스핑크스 모양 장식품이 놓여 있고 에스컬레이터에는 이집트 벽화를 연상시키는 장식이 있다. 설립자가 이집트 출신인 영향이 크다. 지하 1층에는 다이애나 비를 추모하는 공간도 마련되어 있다. 알려져 있듯 해롯 백화점 소유주의 아들은 1997년 다이애나 비와 함께 사고로 사망한 그녀의 연인 도디 알 파예드로, 추모공간에는 두 사람의 얼굴이 나란히 걸려 있다. 또 엘리베이터의 문이 열리는 순간 깜짝 놀랄 만한 인테리어가 눈길을 사로잡는다. 화려하면서도 중후한 엘리베이터 내부는 마치 궁전처럼 꾸며졌고, 1898년 세계 최초로 백화점에 엘리베이터를 설치한 곳이 바로 해롯이라는 사실을 알면 더 특별한 느낌을 받는다. 빅벤의 시계를 연상시키는 고풍스러운 벽시계, 하나하나가 예술작품 같은 샹들리에 등 백화점은 우아한 볼거리들로 가득하다.

해롯은 워낙 규모가 크고 구조가 복잡한 건물인 데다, 시선을 빼앗는 뛰어난 디스플레이가 곳곳에 자리 잡고 있으므로 취향에 따라 어느 정도 계획을 세우고 돌아보는 것도 좋다. 해롯 백화점의 분위기와 특징을 제대로 느끼려면 먼저 각종 명품 브랜드가 모여 있는 그라운드 플로어와 1층을 둘러보는 게 좋다. 이곳에서 가장 유명한 식품관도 빼놓을 수 없다. 많은 방문객들이 가장 오랜 시간을 보내게 되는 식품관에서는 설립자가 홍차 상인이었고 식료품에서 출발한 백화점의 역사를 반영하듯 해롯의 자체 브랜드로 생산되는 홍차가 인기다. 14번 잉글리시 블랙퍼스트, 42번 얼그레이, 다즐링, 아쌈 등 다섯 원료를 블렌딩한 49번 등 종류별로 번호를 달고 있는데, 사이즈가 다양하고 패키지로 나와 선물용으로도 좋은 아이템이다. 그 밖에도 식품관에서 판매하는 잼과 쿠키, 크리스마스 오너먼트 등도 고급스럽고 패키지가 예뻐 부담 없는 선물 아이템으로 적당하다. 베이커리, 커피, 초콜릿, 치즈 등 제품의 종류가 상상을 초월하며 각종 먹거리도 판매하고 있어 간단히 식사를 즐기기에도 좋다.

TIP : 쇼핑을 했다면 택스 리펀을 받는 것도 잊지 말자. 해롯 백화점에서 택스 리펀을 받을 수 있는 곳은 2층에 있다.

화사한 패브릭과
디자이너 브랜드 만나기

리버티
Liberty

　　　　　　　　런던의 심장부이자 쇼핑 중심가라 할 수 있는 옥스퍼드 서커스 역은 두 개의 큰 도로, 옥스퍼드 스트리트와 리젠트 스트리트가 교차되는 지점에 있다. 이 도로들을 따라 큰 쇼핑몰과 브랜드 매장이 밀집되어 있는데 리버티Liberty는 지도상 세로로 뻗은 리젠트 스트리트 쪽에 있다. 튜브역에서 조금만 걸어 내려가다 리버티를 향해 눈을 돌리는 순간, 저 건물이 정말 백화점이 맞나 싶을 정도로 독특한 외관이 눈에 들어온다. 셰익스피어 글로브 극장을 연상시키는 예스러운 건축양식은 동화 속에서 튀어나온 듯 오래된 저택으로 보여, 처음 방문하는 이라면 외관에서부터 마음을 빼앗길 수밖에 없다.

　　런던에서 가장 좋아하는 백화점으로 나는 항상 리버티를 꼽는다. 아르누

리버티 백화점 건물 외관　　　　　　　　　　　　리버티 내부, 3층에서 내려다본 모습

보 스타일의 건물로 들어서면 입구에 자리한 플라워 매장이 소박하게 방문객을 반기는 듯해 절로 기분이 좋아진다. 또 목조로 된 인테리어를 층층이 돌아보면 백화점에 왔다기보다는 잘 꾸며놓은 지인 집에 초대받았다는 생각이 든다. 리버티는 이런 특유의 분위기와 아기자기한 요소들로 많은 여자들의 마음을 사로잡는다.

　또 해롯 백화점이나 근처의 셀프리지 백화점에 비해 규모는 작지만 독특한 특징과 개성이 뚜렷한데, 무엇보다 가장 유명한 것은 '리버티 원단 Liberty Art Fabrics'이다. 1875년 매장을 오픈한 리버티의 설립자 아서 라젠비 리버티가 처음 판매하기 시작한 것도 장식품과 원단이었다. 꽃과 과일, 페이즐리 패턴이 특히 유명한데 매 시즌 아티스트들이 자연과 아트, 추상적인 요소 등에 영

다양한 스카프 제품(왼쪽)과 리버티 고유의 패턴으로 제작된 다이어리(아래)

리버티

- Regent Street, London, W1B 5AH
- +44 (0)20 7734 1234
- Tube: 옥스퍼드 서커스(Oxford Circus) 역에서 도보 5분
- 오전 10시~저녁 8시(월~토요일), 낮 12시~오후 6시(일요일)

감을 받아 새로운 디자인을 선보인다. 패브릭 천국이란 생각이 드는 한 코너에서는 원단만 가득 전시해 두고 1m 단위로 끊어서 판매한다. 또 원단에 사용한 패턴을 활용해 카펫, 가방, 옷, 스카프, 액세서리, 신발, 학용품 등 다양한 상품을 자체 제작해 판매하고 있다. 바버, 나이키, 닥터 마틴 등 유명 패션 브랜드들과의 컬래버레이션을 통해 리버티 패턴을 차용한 다양한 제품도 생산하고 있다. 백화점에서 참신한 아이디어로 생산한 자체 제품들이 주력 상품이란 점은 리버티만의 정체성을 확고히 드러낸다. 기념으로 하나쯤 갖고 싶은 예쁜 제품들은 백화점 곳곳에 진열되어 있는데 특히 그라운드 플로어의 'Stationary Room', 3층의 'Liberty Print Collection'과 'Gift Room'을 찾아가 보는 것도 좋다.

리버티의 또 다른 특징 중 하나는 디자이너 브랜드들이 압도적으로 많다는 점이다. 아직 한국에 잘 알려지지 않았을 뿐 아니라 런던의 다른 백화점에도 입점하지 않은 영국과 해외 신진 디자이너들의 컬렉션을 1, 2층에서 만날 수 있다. 영국에는 미술계에서나 패션계에서나 젊고 가능성 있는 아티스트와 디자이너들이 활발히 활동하고 있는데, 패션 분야에서 신예 디자이너들의 제품이 고객과 만날 수 있는 장소 중 한 곳이 바로 리버티인 셈이다. 물론 익숙한 브랜드들도 많지만 잘 알려지지 않은 디자이너들의 제품에서 독특한 아이템을 발견하는 것도 이곳에서 쇼핑하는 즐거움이다. 지하 1층은 남성 코너로 의류부터 신발, 향수까지 남자들을 위한 아이템을 한 층에 모아놓아 쇼핑이 편리하다.

　리버티를 상징하는 컬러는 밝고 우아하면서도 발랄한 느낌이 가미된 퍼플이다. 적립카드나 쇼핑백, 리플렛 등에 사용된 퍼플 컬러가 클래식함과 트렌디함을 동시에 갖춘 이 백화점의 이미지와 잘 어울린다. 아마 리버티를 떠올릴 때마다 예쁜 보랏빛이 연상되는 이가 나뿐만은 아닐 것이다.

TIP : 옥스퍼드 스트리트에는 주방가전과 생활용품으로 유명한 존 루이스John Lewis, 가장 대중적인 백화점인 셀프리지Selfridges가 있다. 리버티와 멀지 않은 곳에 있으므로 쇼핑 일정을 짤 때 참고해 볼 만하다.

패션 리더들이 모이는
셀렉트 숍
도버 스트리트 마켓
Dover Street Market

　　　　　　　　　런던에서 주요 백화점은 이미 둘러봤다는 이들, 혹은 백화점보다 편집 숍 쇼핑을 선호하는 이들에게 1순위로 권하고 싶은 곳은 그린 파크 근처에 있는 도버 스트리트 마켓Dover Street Market이다. 2004년 콤 데 가르송의 디자이너 레이 가와쿠보가 런던에 개장한 이곳은 10년 넘게 런던의 대표 편집 매장으로 자리 잡아 왔다. 런던에서의 성공에 힘입어 2010년 베이징, 2012년 도쿄와 뉴욕에도 매장을 열었는데, 일본 디자이너가 런던에서 성공해 아시아와 미국으로 진출하며 글로벌 브랜드로 성장한 예라 할 수 있다. 다른 국가에 오픈한 매장의 이름에도 런던의 거리 이름인 '도버 스트리트'를 그대로 쓰고 있다.

　　도버 스트리트 마켓은 한국 패션업계 사람들이나 패션에 관심 있는 이들

도버 스트리트 마켓

- 17–18 Dover Street, London, W1S 4LT
- +44 (0)20 7518 0687
- Tube | 그린 파크(Green Park) 역에서 도보 5분
- 오전 11시~오후 7시(월~토요일), 낮 12시~오후 5시(일요일)

사이에 잘 알려진 곳이지만 백화점이나 마켓들보다 관광객에게 덜 알려져 있어 보다 여유롭게 쇼핑할 수 있다. '마켓'이라고 해서 어수선한 분위기를 상상할지도 모르나 이곳은 지하 1층부터 4층까지 세련되고 현대적인 인테리어에 쾌적한 쇼핑 공간을 갖추고 있다. 메탈이나 벽돌 등을 활용한 심플하고 쿨한 느낌의 공간 구성은 개성 있는 제품들을 더욱 돋보이게 해준다. 물론 의류에 국한되지 않고 뷰티 아이템과 음반, 디자인 제품, 먹거리 등을 함께 판매하고 있어 마켓이란 이름이 어울리기도 한다.

도버 스트리트 마켓만의 강점은 편집 매장인 만큼 뚜렷한 콘셉트를 가지고 있다는 점이다. 지방시, 로에베, 생 로랑, 질 샌더 등 잘 알려진 브랜드들과 함께 톱 숍과의 컬래버레이션을 통해 유명세를 타며 빠르게 성장한 크리스토퍼 케인이나 떠오르는 신성 시몬 로샤 등 영국 디자이너들의 제품도 디스플레이되어 있다. 럭셔리 쇼핑과 더불어 신예 디자이너들의 참신함을 발견하는 재미를 동시에 누리도록 구성한 것이다. 브랜드를 보면 도버 스트리트 마켓이 얼마나 영민한 감각으로 컬렉션을 구성하고 있는지 알 수 있다. 런던에 있는 센트럴 세인트 마틴Central Saint Martins이나 런던 컬리지 오브 패션London Collage of Fashion 같은 패션 명문에서 배출되는 디자이너들의 가능성을 일찌감치 알아보고 발 빠르게 소개하고 있기 때문이다. 도버 스트리트 마켓에 처음 등장할 당시에는 생소했지만 지금은 세계적인 디자이너로 떠오른 이도 여럿이다.

콤 데 가르송의 이름 때문에 찾아온 이들 또한 실망시키지 않는다. 처음부터 밀접한 관계가 있었기에 거의 모든 층에서 콤 데 가르송의 다양한 제품들을 선보인다. 특히 그라운드 플로어에 진열된 지갑과 파우치는 선물하기에도 좋은 아이템이다. 편집 숍인 만큼 다른 브랜드에서 쉽게 볼 수 없는 한정 아이템들이 종종 내걸리니 운이 좋으면 쉽게 찾아보기 힘든 귀한 제품을 득템할 수도 있다. 나는 이곳에서 콤 데 가르송이 서펜타인 갤러리와 컬래버레이션으로 출시한 향수를 보고 반가운 마음에 집어든 적이 있다. 트레이시 에민의 아트웍이 함께한 패키지의 시크한 멋에 끌려 그냥 지나칠 수가 없었다. 특별한 아이템을 만날 기회는 그리 흔치 않으니 말이다.

도버 스트리스 마켓의 마지막 층인 4층에 올라가면 음료와 수프, 스콘, 케이크 등을 즐길 수 있는 로즈 베이커리 Rose Bakery가 있어 쇼핑 후 잠시 쉬어가기 좋다. 번역하면 '장미 제과점'이란 정감 있는 이름이지만 모던한 인테리어에 차의 메뉴 구성이 다양해 도버 스트리트 마켓 내에서도 인기 장소다.

하루 종일 있어도
지루하지 않은 인테리어 앤티크 숍

라스코
Lassco

　이번에는 보물창고 같은 장소를 소개하려고 한다. '빈티지'를 화두로 삼으면 런던은 끝없는 이야깃거리가 쏟아져 나오는 도시다. 전 세계에서 손꼽히는 국제 도시에서 신나게 빈티지에 대한 이야기를 할 수 있다니 흥미로운 일이다. 나는 이런 점이 런던의 큰 매력이라고 생각한다. 지금 이야기할 인테리어 앤티크 숍 라스코Lassco도 낡고 오래된 것들에 대해 밤새 이야기를 풀어놓을 수 있을 만한 곳이다.

　라스코는 런던에서 복스홀과 버몬지에 매장을 두고 있다. 각기 다른 제품들이 전시되어 있고 분위기도 좋으므로 세월이 묻어나는 물건에 관심 있는 이들이라면 양쪽 다 가봐도 좋을 것이다. 복스홀의 라스코는 브런스윅 하우스Brunswick House라는 이름을 가진 3층 건물로, 없는 게 없다 싶을 정도로 오래된 물건들이 가득하다. 규모가 크면서도 물건들이 잘 정리되어 있을 뿐만 아니라 디스플레이도 근사하다. 각 방과 통로, 거실마다 가구, 악기, 조각 작품, 장식품, 주방용품, 가드닝 도구, 조명 등 각기 다른 역사와 스토리가 깃든 물건들이 모여 멋있는 공간을 연출하고 있다. 이곳을 보물창고라 말하는 이유는 수많은 물건들 사이를 돌아다니며 구경하다 보면 제법 마음에 드는 물건을 구할 수 있기 때문이다. 실제로 라스코의 직원들은 전혀 손님을 신경 쓰지 않는 눈치다. 하루 종일 마음 가는 대로 시간을 보내다 가도 상관없다는 듯한 태도로, 혹시 필요하면 부르라는 한마디만 건네고는 어디론가 사라진다. 이곳에는 라스코의 앤티크 인테리어를 그대로 구현한 레스토랑도 있다. 사람들이 그리 드나들 것 같지 않은 외부의 느낌과 달리 캐주얼한 분위기로 많은 사람들이 모임을 갖거나 바에 앉아 이야기를 나누곤 한다. 메뉴는 대부분 20파운드 미만으로 구성되어 있고 2~3파운드 가격인 커피 맛이 뛰어나다. 복스홀의 라스코는 공간이 훌륭한 만큼 각종 파티 장소로 인기인데, 고객이 요구하는 대로 가구와 물건들을 재배치해 특별한 분위기를 연출해 준다.

버몬지에 위치한 라스코 로프워크 Lassco Ropewalk 는 복스홀보다 규모는 작지만 영국 각지에서 온 앤티크 제품들, 구조선에서 나온 물건들, 그리고 신기한 골동품으로 가득한 창고 같은 공간이다. 한켠에는 다양한 모양의 세면대, 수

라스코 브런스윅 하우스(복스홀)

- 30 Wandsworth Road, London, SW8 2LG
- +44 (0)20 7720 2926
- Tube | 복스홀(Vauxhall) 역에서 도보 4분
- 오전 9시~오후 5시 30분(월~금요일), 오전 10시 ~오후 5시(토요일), 오전 11시~오후 5시(일요일)

라스코 로프워크(버몬지)

- 41 Maltby Street, Southwark, London, SE1 3PA
- +44 (0)20 7394 8061
- Tube | 버몬지(Bermondsey) 역에서 도보 13분
- 오전 8시 30분~오후 5시(월~금요일), 오전 9시~오후 5시(토요일), 오전 11시~오후 5시(일요일)

도꼭지, 문고리 등을 갖춰 특이한 철물점을 연상시키기도 한다. 마음껏 둘러보고 머무르다 나올 때까지 방문객에게 별 신경을 쓰지 않는 건 이곳도 마찬가지다. 또 버몬지의 역동적인 몰트비 스트리트 마켓^{Maltby Street Market} 거리에 자리해 독특한 매력을 갖췄다. 규모가 작은 푸드 마켓이지만 힙한 분위기는 쇼디치나 해크니 지역 못지않고, 주말이면 로컬들이 모여들어 활기를 더한다.

라스코가 진짜 보물창고인 이유는 더 있다. 이곳은 여행자들에게 거의 알려지지 않은 곳이다. 런던에 살고 있는 현지인들이 시간을 보내거나 구매한 물건으로 집을 꾸미거나, 선물을 하기도 한다. 물건이 들어오는 날에 맞춰 정기적으로 들르는 단골들도 적지 않다. 그저 구경하기에도, 빈티지 느낌 가득한 물건을 구입하기에도 라스코는 더없이 재미있는 장소다.

Select 05

희귀 음반
쇼핑하기

쇼디치와 해크니의
음반 천국

런던에는 장르 불문하고 음악을 사랑하는 이들이라면 입을 떡 벌릴 만한 음반 가게들이 있다. 좋아하는 장르가 록이나 인디음악이라면 더욱 반색할 만한 장소들이다. 한국에서는 물론 런던 중심가의 음반 가게에서도 구하기 힘든 음반들을 만날 수 있어 한 바퀴 둘러보고 나면 분위기에 취해, 그리고 매장에서 틀어주는 음악에 취해 마음이 한없이 들뜬다. 먼저 소개하고 싶은 곳은 러프 트레이드Rough Trade다. 음악에 관심 있는 이들에게는 이미 잘 알려진 곳이다. 런던 이스트와 웨스트 지역에 각각 한 곳씩 매장이 있고 영국 중부의 노팅엄과 미국 뉴욕에도 같은 이름의 음반 가게가 있다. 브릭 레인에 자리한 이스트 점은 쇼디치 지역을 둘러볼 때 빼놓지 말고 방문해 볼 만하다. 1976년 처음 문을 연 본점은 노팅힐에 있는 러프 트레이드 웨스

러프 트레이드

- | Old Truman Brewery, 91 Brick Lane, London, E1 6QL
- ☎ | +44 (0)20 7392 7788
- Tube | 쇼디치 하이 스트리트(Shoreditch High Street) 역에서 도보 7분
- | 오전 8시~오후 9시(월~목요일), 오전 8시~오후 8시(금요일), 오전 10시~오후 8시(토요일), 오전 11시~오후 7시(일요일)

바이닐 핌프

- 📍 | 14 Felstead Street, Hackney Wick, London, E9 5LT
- ☎ | +44 (0)20 8985 2127
- **Tube** | 해크니 윅(Hackney Wick) 역에서 도보 5분
- 🕒 | 정오~오후 7시 30분(월, 수~토요일), 정오~오후 6시(화, 일요일)

트 점이지만 이스트점이 규모가 훨씬 크고 브릭 레인의 젊은 분위기 덕분에 보다 역동적인 느낌을 준다.

러프 트레이드는 설립 초기부터 음악 애호가들의 아지트 역할을 해왔고, 현재 영국의 음악 신에서 중요한 위치를 차지하고 있다. 이곳의 목표는 심플하다. 아티스트들과 관객들을 가깝게 이어주는 것이 그것이다. 단순히 음반 가게가 아니라 같은 이름의 독립 레이블을 설립해 실력 있는 뮤지션들을 적극적으로 소개하면서 명성과 영향력이 점점 커졌다. 러프 트레이드 이스트 매장에 들어서 장르별로 구분된 다양한 종류의 음반 코너를 지나 안쪽으로 들어가면 작은 무대가 나타난다. 신규 음반을 발매한 이들이 프로모션 무대를 가지거나 뮤지션들의 깜짝 라이브 공연이 펼쳐지는 장소다. 이곳은 음반 가게인 동시에 인디 뮤지션들을 위한 공연장이며, 각종 공연 정보를 접할 수 있는 공간이자 런던의 유명 커피 컴퍼니에서 들여온 질 좋은 커피를 맛볼 수 있는 카페이기도 하다.

러프 트레이드에 가면 음반 가게가 여전히 이렇게 사람들로 붐빈다는 사실에 놀라게 된다. 그리고 한편으론 규모를 막론하고 내리막길을 걸으며 사라져가는 한국의 음반 가게들이 떠올라 아쉬운 마음도 든다. 이곳을 더욱 활성화시키고 있는 요소 중 하나는 믿고 따라 들어볼 만한 스태프들의 취향이다. 매장 곳곳에는 러프 트레이드의 자체 편집 음반뿐 아니라 매달 '이 달의 앨범Album of the Month'을 선정해 현장에서 스태프들의 추천 음반을 직접 들어볼 수 있도록 공간을 마련해 두었다. 영국에서만 유통되고 있는 신예 영국 뮤지션들의 음반도 만날 수 있으므로 눈과 귀를 열고 음반 쇼핑을 즐겨볼 수 있다.

해크니 지역에도 가볼 만한 음반 가게가 있다. 지나가다 우연히 바이닐 핌프Vinyl Pimp라는 레코드점을 발견한 날, 나는 불쑥 들어가 딴 세상 같은 레코드 천국에서 한참 시간을 보냈다. 러프 트레이드에서도 CD뿐만 아니라 LP 판매가 활발히 이루어지는 것을 볼 수 있었는데, 바이닐 핌프는 이름에서 알 수 있듯 아예 LP를 전문적으로 취급하는 가게다. 사다리를 놓고 벽에 빼곡히 꽂힌 LP를 정리하는 직원이 있고 한쪽 흰 벽면에는 레코드판이 마치 작품처럼 진열되어 있다. 또 바닥에 박스째 내려놓은 음반들까지, 곳곳을 뒤지다 보면 명음반 몇 장은 득템할 수 있을 것 같은 이 공간은 2007년 문을 연 중고 레코드 판매점이다. 원치 않는 오래된 음반을 바이닐 핌프를 통해 팔 수 있고, 요즘은 찾아볼 수 없는 오래전 희귀 음반들을 구할 수 있어 특히 음반 컬렉터들과 DJ들에게 사랑받는 장소다.

 최근 몇 년 사이 전 세계 음반산업에서 LP가 새롭게 조명받으면서 레코드 스토어 데이Record Store Day 같은 세계적 이벤트나 한국의 레코드 페어 같은 행사가 개최되고 있다. 런던 여행길에 특색 있는 레코드 가게를 방문해 음반 쇼핑을 해보는 것도 꽤 의미 있는 일일 것이다. 한 장당 단 1파운드에 판매하는 중고 LP판 중에서도 마치 보물을 캐내듯 마음에 쏙 드는 음반을 만나는 행운을 기대해 봄직하다.

종이책의 건재함을
보여주는 도시

런던에서 서점 둘러보기

런던살이를 시작하고 얼마 지나지 않아, 대중교통을 이용하면서 스마트폰을 들여다보던 습관에서 벗어났음을 자각한 순간이 찾아왔다. 이쯤 되면 런던에 어느 정도 익숙해졌다 말해도 좋을 시기다. 서울에서 LTE의 빠른 속도를 당연하게 누리다가, 지하에만 내려가면 데이터는커녕 전화조차 잘 터지지 않는 런던에서의 생활이 처음엔 답답할 수밖에 없지만 시간이 지나면 자연스레 신문이나 책을 손에 들고 튜브에 몸을 싣게 된다. 그리고 튜브 안에서든 카페에서든 스마트폰보다는 책을 가까이하는 런더너들의 모습에서 아날로그적인 멋이 느껴지기도 한다. 이런 환경에서 지내다 보면 어느 순간 나 또한 시간이 날 때마다 종이 냄새 가득한 서점으로 발길이 향해 책 구경을 하게 된다.

> **돈트 북스**
>
> ⊙ | 83 Marylebone High St, London, W1U 4QW
> ☎ | +44 (0)20 7224 2295
> Tube | 베이커 스트리트(Baker Street) 역에서 8분
> ⏰ | 오전 9시~오후 7시 30분(월~토요일), 오전 11시~오후 6시(일요일)

    런던에서 가장 쉽게 만날 수 있는 서점은 워터스톤스Waterstone's로, 한국의 몇몇 대형 체인 서점 브랜드들과 비교할 만한 곳이다. 나는 그리니치에 있는 워터스톤스 2층의 자그마한 카페가 마음에 들어 자주 가곤 했다. 카페에 앉아 책을 읽거나 친구를 만나 이야기를 나누다 보면 서점 한켠에 사람들이 하나둘 모여드는 걸 볼 때가 있다. 서점에서 '저자와의 만남' 자리를 주선한 것이다. 혹은 작가가 참석하지 않고 책을 좋아하는 이들끼리 모임을 가질 때도 많다. 책 판매를 위한 거창한 사인회나 강연회가 아니라 자유로운 감상을 나누기 위한 소박한 자리가 이런 대형 서점에서 빈번하게 열린다는 사실이 일견 신선하게 느껴졌다.

    물론 이런 일반적인 서점 외에 한번쯤 찾아가보길 추천하고픈 개성 있는 서점들도 있다. 먼저 리젠트 파크 근처 매럴러번에 있는 돈트 북스Daunt Books는 실내를 20세기 초 에드워디언 양식으로 꾸민 근사한 서점이다. 하늘이 보이는 높은 유리 천장을 통해 자연광이 들어오고, 고풍스러운 오크 책장이 특히 멋스럽다. 돈트 북스는 런던에 5개 지점이 더 있지만 매럴러번 점이 가장

마그마(클럭컨웰)

- 117-119 Clerkenwell Road, London, EC1R 5BY
- +44 (0)20 7242 9503
- Tube | 챈서리 레인(Chancery Lane) 역에서 도보 8분
- 오전 10시~오후 7시(월~토요일), 일요일 휴무

마그마(코벤트 가든)

- 29 Shorts Gardens, Covent Garden, London, WC2H 9AP
- +44 (0)20 7242 9503
- Tube | 코벤트 가든(Covent Garden) 역에서 도보 3분
- 오전 11시~오후 7시(월~토요일), 정오~오후 6시(일요일)

규모가 큰 본점으로, 영국 일간지 《텔레그래프》는 이곳을 '런던에서 가장 아름다운 서점'으로 선정하기도 했다. 지하층부터 2층까지 다양한 서적을 갖추고 있으며 중점을 두고 있는 분야는 여행서와 문학, 그리고 논픽션이다. 무엇보다 돈트 북스는 1990년 제임스 돈트가 처음 서점을 오픈했을 때부터 여행자들을 위해 전 세계의 신간 여행서와 지도 등을 빠르고 다양하게 소개하는데 주력해 왔다. 최근 이곳은 자체 북 페스티벌을 주최하기 시작했는데, 2015년에도 이틀 동안 다양한 영국 작가, 인문학자, 칼럼니스트들이 참여해 호응을 얻었다.

각종 아트북과 디자인 제품을 만날 수 있는 서점도 있다. 런던에 2개, 맨체스터에 1개 지점이 있는 마그마Magma는 서점이면서 예쁜 문구류와 각종 디자인 상품을 판매하는 아트숍이다. 공간은 그리 넓지 않지만 천장에 다다를 듯 가득 진열된 책들은 미술, 디자인, 건축 분야의 책으로 방대하다. 런던에서 아트 관련 공부를 하거나 창작을 하는 사람들이 영감을 얻기 위해 종종 들르고, 여행자들은 이곳에서 소장할 가치가 있는 서적이나 간단하면서도 개성 있는 선물 아이템을 구입하기도 한다.

그 밖에도 런던에는 특정 주제나 콘셉트에 따른 전문 서적들을 구비해 문화를 사랑하고 다양한 분야에 관심을 가진 이들을 만족시키는 서점들이 많다. 사우스뱅크 근처에 자리한 내셔널 시어터 북숍National Theater Bookshop은 연극 대본을 구하거나 웨스트엔드 뮤지컬에 관한 서적을 발견할 수 있는 등 공연과 극장과 관련된 방대한 컬렉션을 자랑한다. 또 쇼디치의 브릭 레인에 있는 브릭 레인 북숍Brick Lane Bookshop은 런던의 역사에 대한 책들과 이스트의 로컬 관련 서적들을 알차게 갖추고 '동네 서점' 역할을 톡톡히 하고 있다. 런던

내셔널 시어터 북숍

- | Bookshop, National Theatre, South Bank, London, SE1 9PX
- | +44 (0)20 7452 3456
- Tube | 코벤트 가든(Covent Garden) 역에서 도보 3분
- | 오전 9시 30분~오후 10시 45분(월~토요일), 정오~오후 6시(일요일)

브릭 레인 북숍

- | 166 Brick Lane, London, E1 6RU
- | +44 (0)20 7247 0216
- Tube | 쇼디치 하이 스트리트(Shoreditch High Street) 역에서 도보 6분
- | 오전 11시~오후 6시 30분

에서 서점을 방문하는 일이 즐거운 이유는 책을 사랑하는 사람이 이토록 많고, 각 분야에서 책으로 탐구할 수 있는 영역이 참으로 다양하다는 것을 실감할 수 있기 때문이다. 종이책의 생명력이 여전히 건재하다는 즐거운 사실을 확인할 수 있는 곳이 바로 런던의 서점이다.

웰컴 투 그린시티

녹색 도시, 런던의 공원에서 쉬어가기

많은 런더너들과 마찬가지로 종종 자전거를 타고 도심을 누비곤 하는 런던 시장 보리스 요한슨은 언론에서 이런 말을 자주 한다. 런던은 세계 대도시 어느 곳보다 그린이 풍부한 도시라고 말이다. 시장이 자랑스레 강조하는 '그린 시티'를 느끼는 건 그리 어렵지 않다. 어디에 가든 그리 멀지 않은 곳에 나무와 풀이 있는 크고 작은 공원들이 있으니 말이다. 규모가 도심 속의 수목원 정도라 생각해도 될 정도인 '파크park'부터 '가든garden'이나 '스퀘어square', '야드yard' 등 파크보다 작지만 자연이 잘 가꿔진 공간이 곳곳에 형성돼 있다. 버스가 지나다니는 도로에서도 한 걸음만 발을 떼면 흙과 잔디를 밟을 수 있는 곳이 많아, 날씨가 맑은 날이면 사람들은 집 근처로 나가 잔디 위에 몸을 뉘이고 휴식을 취한다. 런더너들에게는 그린을 즐기는 것이 곧 일상이다. 물론 나도 안다. 런던을 방문한 이들에게 "공원에 가보라"는 말이 다소 심심하게 들릴 것이란 사실을. 하지만 런던에서 할 수 있는 수많은 일들 중에서도 공원을 거니는 것이 얼마나 가치 있는 일인지는 그곳의 풍경을 눈에 담는 순간 알게 될 것이다.

잉글리시 로즈와의
향기로운 만남
리젠트 파크
Regent's Park

　　　　　　　　런던 한복판에 자리한 리젠트 파크Regent's Park는 캠든 타
운이나 셜록 홈즈로 유명한 베이커 스트리트에서 걸어서 가기 좋은 공원이
다. 런던에 머무는 기간이 짧아, 중심가 위주로 일정을 잡았다 해도 충분히
들러볼 만한 위치다. 영국의 왕실 공원 중 하나인 리젠트 파크는 면적이 166
헥타르에 이르며 산책하는 동안 곳곳에서 다양한 분위기를 접하게 된다. 공
원 카페와 산책로 등은 그야말로 한가로운 전원 풍경이고, 보트를 타는 사람
들이나 접이식 의자에 누운 사람들의 모습은 영락없이 휴가지 풍경을 연출하
며, 나무가 우거진 길을 지나 평평한 잔디밭이 펼쳐진 곳에는 스포츠 시설을
갖춰 자연 속에 마련된 체육공원 같기도 하다.
　　리젠트 파크에서 가장 유명한 곳은 런던에서 가장 큰 장미 공원인 퀸 메리

공원 내 산책로   퀸 메리스 가든 입구

스 가든Queen Mary's Garden이다. 영국이 가드닝으로 유명한 나라라는 사실을 다시 한 번 떠올리게 되는 이 정원에는 잘 가꿔진 장미 수백여 종이 있다. 5월 어느 날, 나는 리젠트 파크에 갔다가 이 장미 정원에 푹 빠져 꽃이 다 질 때까지 며칠에 한 번씩 발걸음을 했다. 영국에서 커다란 장미를 만나면 그저 잉글리시 로즈English Rose라고만 여겼던 건 아주 단순한 생각이란 걸 깨달았다. 물론 화려하게 만발한 잉글리시 로즈가 눈에 잘 띄지만, 그 외에도 노스탤지어Nostalgia, 밸런타인 하트Valentine Heart, 딥 시크릿Deep Secret 등 이름과 컬러, 향기가 다양한 장미가 핀 꽃밭이 한참 이어진다. 장미가 활짝 피는 기간은 대체로 5월 중순부터 약 한 달 정도다. 분명히 사람이 열심히 가꾼 정원일 텐데, 인위적인 느낌은 전혀 없고, 오히려 동화 속 한 장면처럼 순수미가 넘치는 건 퀸 메리스 가든의 큰 매력이다.

   넓디넓은 공원인 만큼 리젠트 파크에서 열리는 행사도 다양하다. 특히 퀸

리젠트 파크

- Chester Rd, London, NW1 4NR
- +44 300 061 2300
- Tube | 리젠트 파크(Regent's Park) 역에서 도보 5분
- 매일 오전 5시 오픈, 클로징 시간은 동절기 오후 4시 30분, 하절기 오후 9시 30분

메리스 가든 근처에는 오픈 에어 시어터 Open Air Theatre 라는 야외극장이 있다. 무대와 객석 모두 하늘을 향해 뻥 뚫려 있고 녹지로 둘러싸인 이 극장은 여름밤의 정취를 즐기기에 더없이 좋은 공연장이다. 1932년 설립되어 80년이 넘는 역사를 가진 만큼 세계의 여러 야외 공연장 설립에 영감을 줬을 뿐만 아니라, 이 무대를 거쳐간 배우들의 이름도 화려하다. 베네딕트 컴버배치, 주디 덴치, 랄프 파인즈, 제레미 아이언스 등이 무대에 섰고, 시간을 거슬러 올라가면 비비안 리도 이곳에서 공연을 한 것으로 알려져 있다. 이렇듯 대배우들이 출연하는 만큼 단순히 이벤트성 야외 공연이 아니라 시즌별로 알찬 프로그램을 선보인다. 셰익스피어의 작품들이 단골 프로그램이었으나 점차 작품의 폭이 확대되었다. 2015년의 프로그램만 봐도 제임스 매튜 배리의 〈피터팬〉, 안톤 체호프의 〈갈매기〉, 하퍼 리의 〈앵무새 죽이기〉, 윌리엄 골딩의 〈파리대왕〉 등 다채롭게 구성된 것을 알 수 있다. 오픈 에어 시어터의 공연은 보통 5월에 시

리젠트 파크 내 퀸 메리스 가든의 장미, 저 멀리 키스하는 연인이 보인다.

작해 9월까지 진행되는데 날씨의 영향은 크게 받지 않는다. 영국에서는 아주 맑은 날에도 예기치 못한 짧은 소나기가 내리곤 하므로 폭우가 쏟아지지 않는 이상 공연은 그대로 진행되는 편이고, 관객들도 자리를 뜨지 않은 채 '우중 관람'을 즐긴다. 해가 지고 땅의 열기가 가라앉은 여름밤에 열리는 공연들은 꼭 한번 경험해 볼 만한 숲 속의 문화생활이다.

리젠트 파크 북쪽에는 런던 동물원 London Zoo이 있고 더 올라가면 프림로즈 힐 Primrose Hill이 이어진다. 언덕의 이름이기도 하고 지역의 이름이기도 한 프림로즈 힐은 맑은 날 런던의 시내를 조망할 수 있는 곳에 있다. 혹자는 이곳을 파리의 몽마르트 언덕과 비교하기도 하지만 두 곳의 분위기는 너무나 다르다. 물론 예술적이고 낭만적인 분위기이지만 언제나 관광객들로 붐비고 소매치기를 조심해야 하는 몽마르트 언덕과 달리 프림로즈 힐은 한가롭게 지역

주민들처럼 산책을 즐길 수 있는 곳이다. 당연히 상업적인 면도 느껴지지 않아 때묻지 않은 도심 속 자연인 셈이다.

애프터눈 티를
즐기기 좋은
켄싱턴 가든
Kensington Garden

왕실 정원인 켄싱턴 가든^{Kensington Garden}을 소개하기 위해서는 먼저 하이드 파크 얘기부터 해야 한다. 런던에서 가장 큰 공원이자 가장 잘 알려진 공원인 하이드 파크는 계절이 바뀔 때마다 색다른 운치를 더하는 곳이다. 특히 리젠트 파크의 봄날 장미 정원과 함께 하이드 파크의 가을 낙엽은 오래도록 잊지 못할 장면을 연출한다. 그뿐 아니다. 공원 내의 서펜타인 호수에는 새하얀 백조가 노닐고, 그 옆을 유유히 노 저어 가는 사람들, 테이블이 놓인 야외 카페는 다른 세상에 와 있는 듯한 기분을 선사한다.

이곳을 방문하는 많은 이들이 녹지가 펼쳐진 공간 전체가 하이드 파크라고 생각하는 경우가 많지만 서펜타인 호수를 가로지르는 다리를 중심으로 동쪽이 하이드 파크, 서쪽이 켄싱턴 가든이다. 면적은 하이드 파크가 140헥타르,

2014년 서펜타인 갤러리 파빌리온, 건축가 스밀한 라딕Smiljan Radic의 작품

켄싱턴 가든이 110헥타르로, 켄싱턴 가든의 규모 역시 작지 않다. 아무튼 한 번 들어가면 250헥타르의 드넓은 공간을 누빌 수 있는데, 다리 근처에는 런던의 주요 현대미술 갤러리로 손꼽히는 서펜타인 갤러리Serpentine Gallery와 서펜타인 새클러 갤러리Serpentine Sackler Gallery가 자리해 공원 속 문화공간을 제공한다. 매년 세계적인 건축가를 선정해 진행하는 서펜타인 갤러리 파빌리온은 여름 시즌에 야외 공간에서 선보이는 거대한 아트 프로젝트다. 2000년에 건축가 자하 하디드의 작품이 처음 전시된 후, 매년 어떤 파빌리온이 탄생할지 세계의 이목이 집중되어 사람들의 발길을 끌고 있다.

하이드 파크와 연결되는 켄싱턴 가든에 접어들면 정성스레 가꿔진 정원이 보인다. 이곳의 핵심은 켄싱턴 궁전이다. 처음부터 궁전 건물로 지은 게 아니

켄싱턴 가든에 자리한 오랑제리

라 화려한 멋은 덜하지만 주변 풍경과 어우러져 전원적인 아름다움을 풍긴다. 1689년 윌리엄 3세가 저택을 사들인 뒤 영국의 대표적인 건축가 크리스토퍼 렌 경이 재건축을 맡았다. 1819년에는 빅토리아 여왕이 켄싱턴 궁전 1층의 한 방에서 태어났는데, 현재 궁전 앞에는 대리석으로 된 빅토리아 여왕의 동상이 있다. 다이애나 비가 마지막까지 거주했던 곳으로도 유명하며 현재는 윌리엄 왕세손과 케이트 미들턴 부부가 살고 있다. 빅토리아 여왕이 태어난 방과 그녀의 집무실로 사용됐던 공간을 포함해 궁전의 일부를 관람할 수 있는데 왕실 예복, 가구, 다양한 자료와 왕실 회화 컬렉션을 전시하고 있다. 켄싱턴 궁전은 왕실 건물이므로 갤러리와 달리 티켓 가격이 꽤 비싸 공원

> **켄싱턴 가든**
>
> ⊙ | Kensington Gardens, London, W8 4PX
> Tube | 하이 스트리트 켄싱턴(High Street Kensington) 역에서 도보 10분
> ⊙ | 매일 오전 6시 오픈, 클로징 시간은 동절기 오후 4시 15분, 하절기 오후 9시 45분

과 가든만 산책하는 이들도 많은 편이다.

사실 궁전 관람보다 추천하고 싶은 건 왕실 정원 산책이다. 그리고 다리가 피로해질 때쯤 이곳에서 여유롭게 애프터눈 티 한 잔을 음미해도 좋다. 켄싱턴 가든에는 애프터눈 티로 유명한 오랑제리The Orangery라는 레스토랑이 있다. 가든에서 팻말을 따라 들어가면 나타나는 오랑제리는 귀족적인 분위기가 물씬 풍기는 인테리어에 아름다운 정원을 바라보고 있는 특별한 미식 공간이다. 애프터눈 티 세트는 런던의 클래식한 멋을 즐기기 위해 여행자들이 한번쯤 찾는 메뉴인데, 가격은 웬만한 레스토랑의 한 끼 식사와 맞먹기 때문에 너무 비싸다고 생각할 수도 있다. 하지만 한번쯤 현지에서 영국의 전통적인 차 문화를 제대로 즐겨보는 것도 좋은 경험이고, 스콘을 클로티드 크림에 푹 찍어먹는 맛에 금세 반할지도 모른다. 이왕 애프터눈 티를 먹어보기로 했다면 그 문화를 충분히 느낄 수 있는 장소를 선택할 것을 권한다. 포트넘 앤 메이슨Fortnum and Mason이나 더 리츠The Ritz 호텔 등 애프터눈 티로 유명한 곳들 못지않게 켄싱턴 가든의 오랑제리 또한 유명하다. 무엇보다 왕실 정원에서 애프터눈 티 세트를 맛볼 수 있다는 사실과 함께 높은 천장과 스케일 큰 꽃장식, 야외 테라스 등 고급스러운 분위기는 오래도록 기억에 남을 것이다.

천문대를 품고 있는
광활한 공원
그리니치 파크
Greenwich Park

'런던은 작은 마을들이 모여 이뤄진 도시'라는 말이 있다. 런던 생활을 시작하고 그 말의 의미를 깨닫는 데는 그리 오래 걸리지 않았다. 튜브를 타고 한두 정거장만 이동해도 풍경이 다른 동네가 나타나고, 각 지역이 간직한 개성 있는 분위기가 느껴지기 때문이다. 처음 그리니치 지역을 방문한 날 한적하면서도 살가운 온기가 느껴지는 동네라는 인상을 받았다. 런던 중심가에서 약간 떨어져 평화로운 시골 마을 같은 이 지역이 풍기는 매력은 길거리 상점들에서도 드러난다. 가격이 저렴하고 아침 일찍부터 문을 여는 바바스 카페 Baba's Cafe에서 식사와 함께 맛난 커피를 마시고, 수공예품과 골동품들을 주로 판매하는 그리니치 마켓에 들러 구경을 한 뒤, 150가지

그리니치 파크

- Greenwich, London, SE10 8QY
- Tube | 커티 삭(Cutty Sark) 역에서 도보로 15분
- 매일 오전 6시 오픈, 클로징 시간은 동절기 오후 6시, 하절기 오후 9시 30분

가 넘는 다양한 치즈를 판매하는 치즈보드$^{\text{The Cheeseboard}}$에서 시식을 한 뒤 치즈 한 덩이 구입하고, 카페 로열 티$^{\text{Royal Tea}}$에 들러 차 한 잔을 즐기다 보면 그리니치에서 아주 알찬 반나절을 보낸 셈이다. 그리고 발길을 향할 곳은 당연히 우뚝 솟은 왕립 천문대가 있는 그리니치 파크다.

이 공원은 그리니치 지역의 주민들이나 근처 학교를 다니는 학생들에게 훌륭한 자연 휴식처다. 테니스나 축구 등 운동을 즐기는 사람들에게도 사랑받는 공원으로 2012년 런던 올림픽 때는 승마와 근대 5종 경기가 열리기도 했다. 일부러 이곳을 찾는 외국인들도 많은데, 공원 언덕을 올라가면 1884년 전 세계 시간의 기준이 되는 표준시$^{\text{Greenwich Mean Time}}$가 정해진 왕립 천문대$^{\text{Royal Observatory}}$가 자리하고 있기 때문이다. 이곳을 기준으로 표준시가 정해진 것은 19세기 후반 영국의 영향력을 실감케 한다. 현재 천문대 본부는 케임브리지로 옮겨졌지만 명칭은 그대로이며 박물관으로서 관람객들을 맞고 있다. 입구에는 본초자오선을 표시해 둬 사람들은 이곳을 밟은 순간을 사진으로 남기기도 한다. 내부는 알찬 과학 박물관같이 구성되어 다양한 천측기구와 망원경, 오래전 사용되었던 시계, 천체물리학 자료 등 흥미로운 볼거리가 많다. 꼭 천문대를 관람하지 않더라도 천문대가 자리한 언덕에 서면 그리니치 파크에 펼쳐진 푸른 잔디밭과 구 왕립 해군학교$^{\text{Old Royal Naval College}}$ 건물이 내려다보이고, 멀리 런던에서 가장 현대적인 건물들이 모여 있는 금융 중심지 카나리 워프의 모습도 보인다.

그리니치 파크는 런던 중심가에 자리한 다른 공원들보다 더욱 자연미가 느껴지는 곳이다. 인간의 손을 많이 타지 않은 듯 숲의 향기가 느껴지고 유독 청솔모들을 자주 만난다. 탁 트인 광활한 잔디 위에 누워 책을 읽거나 음악을

날씨 좋은 날 커티 삭의 풍경

들으며 햇살을 즐기는 사람들의 모습은 보는 것만으로도 마음이 여유로워진다. 그래서 이곳은 뭔가를 한다기보다 그저 '머물다' 와도 좋은 곳이다. 굳이 천문대 내부에 들어가지 않아도, 잔디밭을 뛰며 운동을 하지 않아도 그저 공원에서 시간을 보내는 것 자체만으로 마음이 충만해지는 장소다.

   그리니치 지역에서는 섬나라 영국의 역사를 되짚어볼 수 있는데 대표적인 것이 공원 입구에 자리한 국립해양박물관National Maritime Museum이다. 항해법과 지도 작성 방법에 대한 기록과 선박 모형을 비롯한 각종 수집품을 통해 해양 국가로서 영국의 막강했던 힘을 엿볼 수 있다. 특히 넬슨 제독이 생전에 사용하던 물건들과 트라팔가 해전에서 마지막 순간에 입었던 군복까지 보존되어 있어 놀라움을 안겨준다. 그리니치 파크에서 조금만 걸으면 나타나는 범선, 커티 삭Cutty Sark도 하나의 볼거리다. 1869년 만들어진 당시 가장 빠른 배

중 하나로, 1870년대에 중국 차 무역의 주요 운송수단으로 사용되었고, 호주의 양모 무역에도 사용되었다. 그리니치로 옮겨진 시기는 1954년으로 현재는 항해시대의 영광을 말해주듯 위풍당당한 모습이다. 맑은 날은 맑은 날대로, 안개가 끼거나 비 오는 날은 또 그 나름대로의 애수가 느껴지는 그리니치와 참 잘 어우러지는 풍경이다.

TIP : 그리니치 지역에 갈 때는 런던의 경전철 DLR을 이용하면 시내와 접근성이 좋고 20분 정도면 도착한다. 그리니치와 커티 삭은 DLR로 한 정거장 차이. 그리니치 지역을 둘러보려면 둘 중 어느 역에 내려도 무방하지만 그리니치 파크는 커티 삭 역과 조금 더 가까운 편이다.

Select 04

자연 속에서
렘브란트의 명작 찾기

햄스테드 히스와 켄우드 하우스
Hamstead Heath & Kenwood House

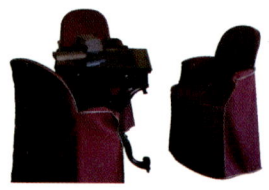

높은 곳에 올라 도시 전체를 조망하는 건 여행지에서 제법 흔한 일정 중 하나다. 그런데 다시 생각해 보면 엘리베이터로 성당 꼭대기에 올라가거나 도시의 랜드마크 중 하나인 고층 타워에 오르는 것이 누군가에겐 매우 중요한 일일 수 있지만 또 다른 이에겐 별 의미 없는 일일 수도 있다. 나는 후자에 속한다. 많은 관광객들 사이에 섞여 줄을 서서 기다리는 시간도 아깝고, 높은 곳에서 도시 전체를 내려다보는 것보다 길 위에서 스치는 사람들의 모습이나 단골들이 많은 동네 카페에서 보내는 시간을 통해 현지 분위기를 더 제대로 느낄 수 있다고 생각하기 때문이다. 하지만 그런 생각을 바꾸게 해준 장소가 자연 속에서 런던 시내를 내려다볼 수 있는 멋진 공원들이다. 그리니치 파크가 그중 한 곳이고 또 다른 한 곳이 바로 런던 북쪽에

햄스테드 히스에 자리한 캔우드 하우스의 전시실

햄스테드 히스

위치한 햄스테드 히스Hampstead Heath다.

런던에서 부촌으로 꼽히는 햄스테드에서 한적한 주택가를 지나 공원으로 접어들면 말 그대로 그림 같은 풍경이 펼쳐진다. 워낙 넓어서 어느 지점에서는 평야를 걷는 듯한 기분이고, 인적이 드물어 오직 바람에 흔들리는 나뭇잎 소리와 새소리만이 간간이 들리는 곳도 나온다. 이상하게도 햄스테드 히스에 갈 때마다 날씨 운은 그다지 좋지 않았지만 오히려 흐리거나 비가 내리는 날씨가 이 공원의 매력으로 다가왔다. 또한 숲 속을 걷는 동안 안개를 들이마시면 기분전환이 되고 마음이 정화되는 느낌을 받은 적이 많았다. 영국 화가 존

켄우드 하우스 외관

켄우드 하우스

- | Hampstead Lane, London NW3 7JR
- | +44 (0)20 8348 1286
- Tube, Bus | 아치웨이(Archway) 역에서 하이게이트 힐 (Highgate Hill) 출구로 나온 뒤 210번 버스를 타고 켄우드 하우스(Kenwood House)에 하차
- | 오전 10시~오후 5시

컨스터블이 그린 〈햄스테드 히스의 폭풍이 몰아친 하늘〉처럼 먹구름 아래 한 사람이 걸어가는 장면을 떠올리면 이 공원이 많은 예술가들에게 영감을 주었을 거라는 생각도 든다. 그의 작품 속 인물이 된 것처럼 공원을 걸으며 찾아간 곳은 햄스테드 히스의 언덕 중 하나인 팔러먼트 힐Parliament Hill이다. 이곳에 서면 가슴 시원하게 탁 트인 전망이 펼쳐진다. 도심 한가운데에 솟은 고층 빌딩이나 성당에 올라가 내려다보는 전경과 사뭇 다르게 느껴지는 것은 거리감 때문이겠지만, 자연 속에서 런던을 내려다본다는 사실 자체가 주는 특별함도 있을 것이다. 이곳에서 바라보는 런던의 모습은 다른 곳에서보다 유독 아련

멀리서 바라본 켄우드 하우스 건물

하고 서정적이다.

　햄스테드 히스에서 꼭 찾아가볼 곳은 팔러먼트 힐 외에 한 군데가 더 있다. 현재 미술관으로 운영되고 있는 저택, 켄우드 하우스 Kenwood House다. 눈앞에 아름다운 하얀 집이 모습을 드러내면 그 안에 무엇이 있을지 궁금하고 설레는 마음에 자연히 발걸음이 빨라진다. 17세기 초 건축된 켄우드 하우스는 1925년, 우리에게도 잘 알려진 아일랜드의 맥주회사 기네스의 사장인 에드워드 기네스가 사들였고 1927년 그가 사망한 뒤 1928년부터 대중에게 공개되었다. 소장 컬렉션으로는 대부분 기네스가 수집했던 베르메르, 터너, 레이놀즈의 작품과 헨리 무어의 조각품 등 개인 소장품이라고 하기엔 방대한 작품들이 있다. 이중 가장 유명한 작품은 렘브란트의 자화상이다. 이 작품을 보기 위해 켄우드 하우스를 찾는 이도 많은데, 내로라하는 미술관이 아닌 공원 안 저택에 보관되어 있다는 점이 왠지 비밀스러운 매력을 더한다. 켄우드 하우스에서는 파스텔톤의 아름다운 도서관도 만나게 된다. 1764년부터 1779년까지 켄우드 하우스의 리모델링 기간에 만들어진 이 도서관은 오묘한 파스텔톤 인테리어도 놀랍지만 지금까지 은은한 컬러가 유지되고 있다는 게 더 놀랍다. 내부를 둘러보며 작품과 공간에 대한 궁금증이 생길 무렵, 주위에 서 있던 스태프와 눈이 마주치면 자연스럽게 다가와 켄우드 하우스에 대한 설명을 들려주곤 한다.

    햄스테드 히스에 갈 때마다 기분이 좋아지는 이유는 때문지 않은 공원의 자연과 그 속에 자리한 근사한 저택 덕분만은 아니다. 그 자연과 공간이 주는 예술적인 느낌이 마음속에 꽤 오래 남기 때문이다. 그래서 햄스테드 히스는 런던의 여러 '그린 지대' 중에서도 조금 더 특별한 곳이다.

오랜 역사를 자랑하는
왕립 공원
세인트 제임스 파크
Saint James Park

런던은 누구에게나 걷기 좋은 도시다. 이 도시에 살고 있는 이들은 집 주변에서 일상적으로 산책할 수 있고, 잠시 머물다 가는 여행객들은 중심가의 주요 볼거리 위주로 반나절이나 하루 코스로 동선을 짤 수 있다. 한때 스모그로 악명 높았고 산업화 이미지가 따라다니던 런던이지만 이제는 '친환경 도시'란 표현이 어색하지 않다. 도심 곳곳을 도보로 누벼도 공기의 질은 서울보다 좋은 듯하고, 어디에서든 정원과 공원을 자주 만난다. 런던은 어느덧 거주자들에게는 그린 시티, 방문객들에게는 도보 여행지로 변모했다.

세인트 제임스 파크는 접근성이 뛰어난 위치 덕분에 걸어서 도시를 둘러보는 여행자들이 가장 쉽게 갈 수 있는 공원 중 하나다. 웨스트민스터 궁전, 버

세인트 제임스 파크

- The Mall, London, SW1A 2BJ
- +44 300 061 2350
- Tube | 세인트 제임스 파크(St. Jame's Park) 역에서 도보 5분
- 오전 5시~자정

킹엄 궁전, 세인트 제임스 궁전이 주변에 자리 잡은 세인트 제임스 파크는 트라팔가 광장의 내셔널 갤러리, 피카딜리 서커스, 코벤트 가든까지도 걸어서 갈 만한 거리다. 그뿐 아니라 쇼핑 중심가인 옥스퍼드 서커스까지도 도보로 20분 정도면 도착한다. 이 공원이야말로 도심 한복판의 대표적인 휴식처인 셈이다.

세인트 제임스 파크는 1532년 헨리 8세가 습지대를 구입해 사냥을 즐긴 데서 그 역사가 시작되며 현재 런던에서 가장 오래된 왕립공원이다. 공원 한가운데 작은 호수가 있고 이 호수를 가로지르는 단 하나의 다리인 블루 브리지 The Blue Bridge 위에 서면 멀리 버킹엄 궁전과 런던아이가 보인다. 카메라를 갖다 대면 특별한 앵글을 잡지 않아도 근사한 풍경 사진 하나 건질 수 있을 정도로 그림 같은 장면이다. 런던의 여러 공원들이 각기 다른 아름다움과 매력을 뽐내지만 경치만 놓고 보면 세인트 제임스 파크를 최고로 꼽는 이들이 많다. 특히 봄날 노란 수선화가 필 무렵에는 리젠트 파크의 장미에 비견할 정도의 장관이 연출된다. 또 이곳은 역사가 긴 만큼 오래전부터 다양한 야생동물이 서식해 왔고, 제임스 1세는 이곳에서 악어를 길렀다고도 한다. 물론 악어는 이제 없지만 산책하다 보면 호수나 호숫가 산책로에서 다양한 종류의 물새들을 만날 수 있다. 그 수가 다른 공원에 비해 압도적으로 많아 자연과 생물들이 조화롭게 보존되고 있다는 사실 자체가 신기할 정도다.

세인트 제임스 파크 내에는 제법 괜찮은 카페가 하나 자리잡고 있다. 나무로 지어진 둥근 형태의 파빌리온, 인 더 파크 Inn the Park는 나무가 우거진 주변 풍경과 어울리는 자연적인 외관과 인테리어를 갖춘 카페다. 식사와 애프터눈 티, 간단한 스낵까지 즐길 수 있는데, 아침 8시부터 문을 열어 운동 후 공원에서 아침식사를 즐기는 부지런한 런더너들에게 특히 인기다.

런던에서
리얼 브리티시를
맛보다

영국 음식에 대한 오해는 이제 그만

'음식 기행'이란 단어와 영국이라는 나라는 얼마나 어울릴까? 오래전부터 영국 음식은 맛이 없다는 선입견이 있었고, 일반적으로 땅이 척박해 좋은 식재료가 나지 않는다는 인식이 강했다. 자국의 음식과 식문화에 자부심이 강한 다른 유럽 국가 사람들, 특히 프랑스인들은 영국인들을 맛없는 음식도 잘 먹는 미맹으로 여기거나 영국에는 고유의 식문화가 없다고 무시하기도 한다. 하지만 고든 램지나 제이미 올리버처럼 세계적인 셰프들이 영국인인 걸 생각하면 좀 의아스러운 면이 있다. 미슐랭 별점을 받은 레스토랑도 매우 많다. 굳이 스타 셰프까지 떠올리지 않더라도 많은 영국인들은 자기네 음식이 악명 높다는 사실에 억울해 한다. 사실 화려하지는 않지만 타지에서 온 이들에게 꼭 권하고 싶은 전통 음식이 많고, 유명 레스토랑을 중심으로 퓨전화된 메뉴는 영국 음식에 멋을 더한다. 장담컨대 런던을 방문하는 여행자들은 이제 영국 음식에 대한 색안경을 벗어도 좋다. 대표적인 영국 음식을 맛보고 모던 브리티시 메뉴를 선보이는 여러 미식 플레이스를 방문해 보면 알 것이다. 런던은 충분히 미각의 즐거움을 만끽할 수 있는 도시다.

· Select 01 ·

가장 영국적인
음식
피시 앤 칩스
Fish and Chips

런던에서 뭘 먹을지 몰라 현지인들에게 음식 추천을 부탁한다면 1순위로 한결같이 피시 앤 칩스Fish and Chips를 권할 것이다. 영국 음식에 대한 선입견이 있을 경우 그들의 대답이 의아할지도 모른다. 오죽 내세울 게 없으면 생선과 감자튀김을 자랑스레 추천하느냐고 말이다. 그런데 어디에서나 일상적으로 먹는 영국 음식이자, 영국에서 시작되었을 뿐만 아니라 우리나라를 포함한 여러 나라에 잘 알려진 음식이 바로 피시 앤 칩스인 걸 고려하면 현지에서 한번 먹어볼 만한 메뉴다.

튀긴 흰살생선과 감자가 결합한 피시 앤 칩스는 재료부터 영국적이다. 다양한 과일이나 야채가 잘 자라지 않아 주로 감자를 재배해 온 영국의 기후조건과 싱싱한 생선이 흔한 섬나라라는 상황을 고려해 보면 말이다. 19세기부

빌링스게이트 포터
- Unit 7 Condor House, 5-10 St Paul's Churchyard, London, EC4M 8AL
- +44 (0)20 3441 3626
- Tube 세인트 폴(St. Paul's) 역에서 도보 5분
- 정오~오후 7시(월~금요일), 정오~오후 6시(토요일), 일요일 휴무

골든 유니언
- 38 Poland Street, Soho, London, W1F 7LY
- +44 (0)20 7434 1933
- 오전 11시 30분~오후 10시(월~토요일), 일요일 휴무

포피스(스피탈필즈)
- 6-8 Hanbury Street, London, E1 6QR
- +44 (0)20 7247 0892
- Tube 쇼디치 하이 스트리트(Shoreditch High Street) 역에서 도보 6분, 리버풀 스트리트(Liverpool Street) 역에서 도보 12분
- 오전 11시~오후 11시(월~목요일), 오전 11시~오후 11시 30분(금, 토요일), 오전 11시~오후 10시 30분(일요일)

포피스(캠든)
- 30 Hawley Crescent, London, NW1 8NP
- +44 (0)20 7267 0440
- Tube 캠든 타운(Camden Town) 역에서 도보 4분
- 오전 11시~자정(월~토요일), 오전 11시~오후 11시(일요일)

터 일반적인 음식으로 자리 잡은 피시 앤 칩스는 가격이 싸 공장 노동자들이 즐겨 먹었고, 이제는 누구나 흔히 먹는 간식이나 술안주로 자리 잡아 격식 차린 레스토랑의 메뉴에도 피시 앤 칩스가 보이곤 한다. 해안도시는 아니지만 교통망이 잘 갖춰진 런던은 오래전부터 정통 피시 앤 칩스를 먹어온 도시였다. 메뉴판에 피시 앤 칩스 대신 구체적인 생선의 이름이 등장하는 곳도 많은데, 흰살생선으로는 대부분 대구^{cod}를 사용하는 경우가 많아 메뉴판에서 'Cod and Chips'라는 음식 이름을 흔히 볼 수 있다. 그 밖에 해덕^{haddock}이나 헤이크^{hake}를 사용해 생선의 종류를 선택할 수 있는 곳도 있다. 생선과 감자, 둘 다 튀긴 음식에 타르타르소스까지 곁들이기 때문에 느끼하지 않을까 싶겠지만 일단 맛보면 생각이 달라진다. 담백한 생선살과 겉은 바삭하고 속은 포슬포슬한 감자튀김이 의외로 잘 어울리고, 기호에 따라 소금이나 식초, 그레이비 소스 등을 곁들여 먹으면 맛이 아주 훌륭하다.

　피시 앤 칩스는 안주를 판매하는 많은 펍에서 빠지지 않고 나오는 메뉴로, 진한 에일 한 잔과 함께 먹으면 별미다. 그래서 누군가 피시 앤 칩스로 유명한 '맛집'을 물어오면 나는 대체로 근처 펍을 찾아가라고 말한다. 고급스러운 레스토랑에서 피시 앤 칩스를 주문하는 것보다는 서민들의 애환이 서린 과거를 떠올리면 현지인들이 퇴근 후 맥주 한 잔으로 수다를 떠는 펍이 더 어울리기 때문이다. 내가 피시 앤 칩스를 즐겨 먹었던 장소 또한 런던 곳곳에 자리한 체인 펍인 웨더스푼^{Wetherspoon}이었다. 어디서 먹든 피시 앤 칩스의 맛에 실망한 기억은 없다. 물론 여행자 입장에서는 현지음식을 맛보는 것이 단 한 번의 기회일 수도 있으므로 현지인들에게 칭찬받는 몇몇 맛집들을 찾아가보는 것도 좋을 것이다. 세인트 폴 대성당 근처에 자리한 빌링스게이트 포터^{The}

Billingsgate Porter는 런던의 수산시장 빌링스게이트에서 이름을 따온 만큼 신선한 재료를 자랑하는 곳이다. 또 옥스퍼드 서커스 역에서 멀지 않은 골든 유니언 Golden Union 은 질 좋은 스코틀랜드 산 대구와 해덕을 내놓는 피시 바다. 다른 곳에서 먹는 피시 앤 칩스에 비해 생선의 질감이 아주 부드럽다. 또 스피탈필즈와 캠든에 자리한 포피스 Poppies 도 런던의 '베스트 피시 앤 칩스' 리스트에 수차례 이름을 올린 맛집으로 다양한 생선 종류를 선택할 수 있고, 어린이 메뉴도 따로 갖췄다. 특히 캠든의 포피스는 '피시 앤 긱스 Fish and Gigs'라는 타이틀로 금요일과 토요일 저녁에 뮤지션들을 초청해 라이브 공연을 펼치는 장소라 더 흥미롭다.

100년 넘은
맛집에서 즐기는
파이 앤 매시
Pie and Mash

　　　　　　런던에서 피시 앤 칩스 이외에 본토 음식을 더 먹어보고 싶다면 파이 앤 매시Pie and Mash를 권하고 싶다. 물론 파이 앤 매시 이전에 소시지와 베이컨, 에그, 토마토, 토스트 등이 푸짐하게 나오는 잉글리시 블랙퍼스트 또한 꼭 먹어볼 메뉴다. 하지만 대체로 숙소에서 아침식사를 할 때나 하루 종일 문을 여는 근처 펍에서 흔히 먹을 수 있기 때문에 일부러 맛집을 찾아갈 필요는 없다. 이제 한국에서도 다양한 영국 음식들을 어렵지 않게 맛볼 수 있게 되었지만 파이 앤 매시는 사정이 다르므로 런던에서 한번쯤 찾아가서 먹어볼 만하다. 실제로 런던에 머물렀던 사람들 중 많은 이들은 파이 앤 매시가 가장 그립다고 말하는 경우가 많다.

　　고기 파이에 으깬 감자를 곁들이고 리쿠어liquor라 불리는 녹색의 묽은 수프를 부어주는 파이 앤 매시는 레스토랑에서 격식 차리고 먹는 음식과는 거리가 멀다. 오히려 그와 정반대다. 산업혁명 시절, 상공업이 활성화되고 많은 인구가 도시로 몰리면서 노동자들이 흔히 먹던 음식 중 하나가 바로 파이 앤 매시였다. 주문해서 나오기까지 시간이 오래 걸리지 않고 저렴한 가격에 간소하게 먹은 뒤 일터로 돌아가기 좋은 음식이며 포만감도 크기 때문이다. 지금은 영국의 대표 음식 중 하나로 꼽히는데, 여전히 공장 노동자들이 점심을 해결하는 주요 메뉴이며 많은 이들이 간식용으로 포장해 가기도 한다. 마치 한국에서 떡볶이나 순대를 포장해 가는 것처럼 말이다. 몇 년 전에는 축구선수 데이비드 베컴이 가장 좋아하는 음식이 파이 앤 매시라며 SNS에 사진까지 공개하는 등 셀러브리티들까지 등장하면서 더 이상 노동자층에 국한되지 않고 대중적으로 사랑받는 음식이 되었다.

파이 앤 매시가 이스트 런던에서 시작된 음식인 만큼 현재 전통 있는 파이 집들도 이스트 지역에 많이 자리 잡고 있다. 레스토랑이라 하기는 어렵고 소박하게 '파이 가게'라고 부르는 게 적당할 것 같다. 이 가게들 중에는 유명한 곳이 몇 군데 있다. 어느 날 나는 타워 브리지로 산책하던 중 사람들이 어느 가게 문 밖에서 줄을 선 것을 발견했다. 알고 보니 그곳이 1892년 처음 문을 열어 100여 년의 역사를 지닌 파이 가게 엠맨즈M. Manze였다. 현지인들이 일상적으로 먹는 파이 앤 매시는 어떤 맛일까 궁금해 나 역시 줄에 합류했고, 그날 이후 엠맨즈는 나의 단골집이 되었다. 유명 맛집들이 그렇듯 메뉴는 간단하다. 파이의 개수와 함께 매시 포테이토를 곁들일지 선택하면 되는데, 채식주의자들을 위해 고기 파이 대신 콩을 사용한 파이가 따로 준비되어 있다. 직원에게 주문하면 그 자리에서 파이를 큰 접시에 담고, 주걱으로 밥을 퍼주듯

파이 두 개와 매시 포테이토, 리쿠어를 곁들인 파이 앤 매시   엠맨즈

으깬 감자를 접시의 반대편 한켠에 수북이 담아준다. 그리고 마지막으로 리쿠어를 부어줄지 물어보는데 이때 취향에 따라 선택하면 된다. 파슬리로 인해 녹색을 띠는 리쿠어는 이름과는 달리 알코올이 들어가지는 않는다. 전통적으로 장어 스튜를 위해 준비하던 물에 파슬리를 사용해 만들어 원래는 'eel liquor'라고 하는데, 요즘은 많은 파이 가게들이 더 이상 장어 물을 사용하지 않고 그냥 파슬리 소스가 대부분이다. 대신 파이 앤 매시 가게에서 판매하는 '장어 젤리jellied eels'는 진짜 장어를 사용한 요리다.

처음 파이 앤 매시 접시를 받아 들고 테이블에 앉았던 날, 현지인들이 어떻게 즐기는가 곁눈질로 살핀 기억이 있다. 한 영국인이 두 개의 파이와 산처럼 쌓인 으깬 감자 위로 소금과 흰 후추로 간을 한 뒤 비니거를 양껏 뿌리는 걸 보았다. 양념은 취향대로 첨가하면 되겠지만 현지인을 따라 세 가지 양념을 뿌려 먹자 밍밍한 리쿠어에 간이 더해져 맛이 조화로웠다. 겉이 바삭한 파이를 썰면 흘러나오는 부드러운 고기를 매시 포테이토와 함께 먹고 나면 묘한 중독성이 생겨 다시 찾고 싶게 만든다.

고다즈 앳 그리니치의 외관

> **엠맨즈**
>
> 📍 | 87 Tower Bridge Road, SE1 4TW
> ☎ | +44 (0)20 7407 2985
> Bus | 188, 1, 63, C10 타워브리지 로드(Tower Bridge Road) 하차
> 🕐 | 오전 11시~오후 2시(월요일), 오전 10시 30분~오후 2시(화~목요일), 오전 10시~오후 2시 30분(금요일), 오전 10시~오후 2시 45분(토요일), 일요일 휴무

　엠맨즈는 런던에 세 곳 있는데 타워 브리지 근처가 본점이고 다른 곳에 비해 시내와의 접근성이 좋다. 엠맨즈 외에 런던의 유명 파이집으로는 마일 엔드 근처의 지켈리G. Kelly, 그리니치에 자리한 고다즈 앳 그리니치Goddards at Greenwich, 브로드웨이 마켓의 에프쿡F. Cooke 등이 있다. 저마다 수십 년 이상의 역사를 자랑하는 곳들이다.

TIP : 엠맨즈는 지역 주민들과 근처 노동자들의 점심식사 장소로, 영업시간이 짧은 편이다. 요일에 따라 오전 10시에서 11시 사이 문을 열어, 오후 2, 3시면 문을 닫고 일요일에는 영업하지 않는다. 엠맨즈 교통편은 지하철보다 버스 이용이 편리하다

• Select 03 •

영국 음식의
현재를 보여주는
브리티시 레스토랑

런던 여행을 준비하며 먹는 것에 대한 기대감은 처음부터 접었다는 이야기를 들으면 나는 대체 언젯적 런던을 상상하는 거냐고 묻고 싶다. 세계 각국의 음식을 맛볼 수 있는 런던에는 고급 레스토랑도, 유명 셰프들도 많아 런던이야말로 진정한 미식가의 천국이라 할 만하다. 음식에 대한 영국인들의 열정은 자부심이 높은 다른 여러 나라 못지않다. 서점에서 만나는 다양한 베스트셀러 요리책들이 그것을 증명하고, 무엇보다도 런던의 여러 레스토랑에서 그 사실을 확인할 수 있다. 부족한 일조량과 기후조건의 한계를 극복하여 다양한 조리법을 발전시켰고, 유러피언 퀴진에서 영향을 받은 모던 브리티시 퀴진은 어디에 내놔도 부끄럽지 않은 미식의 향연을 펼친다. 런던에서 격식 차린 식사를 하기 원하는 이들이 주로 찾는 곳은 화려한

앤드류 에드먼즈 입구

프렌치 퀴진을 기반으로 하는 고든 램지의 레스토랑이나 미슐랭 별점이 높은 레스토랑들이다. 만약 카테고리를 '브리티시'로 정한다면 영국 식재료를 기반으로 셰프의 철학이 깃든 레스토랑들을 찾아볼 수 있다. 오너 셰프가 운영하는 작은 레스토랑부터 런던에 몇 개의 지점을 가지고 있는 대표적인 레스토랑까지 선택의 폭이 기대 이상으로 넓다.

 친구와 함께 소호에 자리한 작은 레스토랑 앤드류 에드먼즈Andrew Edmunds를 방문한 날, 나는 거듭 감탄했다. 재료의 풍미를 잘 살려 조리한 담백한 생선요리는 정갈했으며, 영국의 일반적인 디저트인 스티키 토피 푸딩sticky toffee pudding은 보기와 달리 달지 않고 바닐라 아이스크림과 함께 입 안에서 부드럽게 녹아내렸다. 1986년 문을 열어 30년 가까이 영업하고 있는 이 레스토랑의

앤드류 에드먼즈
- 📍 | 46 Lexington Street, Westminster, London, W1F 0LW
- ☎ | +44 (0)20 7437 5708
- Tube | 옥스포드 서커스(Oxford Circus) 역에서 도보 8분
- 🕐 | 정오~오후 3시 30분(월~금요일), 오후 12시 30분~3시 30분(토요일), 오후 1시~4시(일요일) / 오후 5시 30분~10시 45분(월~토요일), 오후 6시~10시 30분(일요일)

업스테어스 앳 더 텐 벨즈
- 📍 | 84 Commercial Street, London, E1 6QG
- ☎ | +44 (0)20 7426 0560
- Tube | 쇼디치 하이 스트리트(Shoreditch High Street) 역에서 도보 6분
- 🕐 | 정오~오후 2시 30분(화~토요일), 정오~오후 3시 30분(일요일), 오후 6시~10시 30분(화~토요일)

파이브 필즈
- 📍 | 8-9 Blacklands Terrace, London, SW3 2SP
- ☎ | +44 (0)20 7838 1082
- Tube | 슬론 스퀘어(Sloane Square) 역에서 도보 5분
- 🕐 | 오후 6시 30분~10시(화~토요일, 저녁만 운영)

세인트 존 브레드 앤 와인
- 📍 | 94-96 Commercial Street, London, E1 6LZ
- ☎ | +44 (0)20 7251 0848
- Tube | 쇼디치 하이 스트리트(Shoreditch High Street) 역에서 도보 5분
- 🕐 | 오전 9시~11시, 정오~오후 11시(월~토요일), 오전 9시~11시, 정오~오후 9시(일요일)

힉스 시티
- 📍 | 9A Devonshire Square, London, EC2M 4AE
- ☎ | +44 (0)20 7220 9498
- Tube | 리버풀 스트리트(Liverpool Street) 역에서 도보 5분
- 🕐 | 오전 11시 30분~자정

1 | 업스테어스 앳 더 텐 벨즈의 내부
2 | 파이브 필즈 입구
3 | 마크 힉스의 샌드위치 메뉴
4 | 앤드류 에드먼즈의 스티키 토피 푸딩
5 | 마크 힉스의 애플파이

런던의 유명한 영국 레스토랑, 힉스 시티

　인테리어는 당장 영국 문학 속 남자 주인공이 등장해도 이상하지 않을 정도로 예스럽지만 음식은 최신 조리법을 따랐고, 무엇보다 맛이 좋다. 어디서 이렇게 '알짜'만 골라왔나 싶은 30여 가지 와인 중엔 한국에선 흔히 만나기 힘든 레바논 와인도 있으며, 음식과 와인 퀄리티에 비해 가격은 저렴한 편이다. 저녁에는 테이블 위에 양초 하나를 더 올린 것뿐인데도 점심과 완전히 다른 분위기를 느낄 수 있고 아늑한 느낌마저 든다. 공간이 넓지 않아 예약은 필수다.
　또 한 군데, 스피탈필즈 마켓 근처에 자리한 업스테어스 앳 더 텐 벨즈 Upstairs at The Ten Bells도 모던 브리티시 레스토랑 중 좋은 평가를 받는 곳이다. 단 3개월 한정의 팝업 레스토랑으로 문을 열었다가 인기에 힘입어 정식 레스토랑으로 둔갑했다. 1층 텐 벨즈가 소란스러운 펍인 데 비해 2층으로 올라가면 확연히 다른 분위기의 레스토랑이 펼쳐지므로 1층의 분위기만 보고 판단하지 말고 'Upstairs'라고 쓰인 네온사인을 따라 계단을 올라가보면 안다. 펍과는 전혀 다른 프라이빗한 분위기를 즐기게 될 것이다.
　보다 고급스러운 분위기의 영국 레스토랑에 가보고 싶다면 첼시 지역 한적한 주택가에 자리한 파이브 필즈 The Five Fields를 추천한다. 런던 상류층의 모임

장소로 인기가 있으며, 직접 소유한 가든에서 시기에 따라 최상의 식재료를 공수해 오기 때문에 정해진 메뉴 없이 셰프가 매일 다른 메뉴를 선보인다. 그날그날의 메뉴는 요크셔 양고기나 스코틀랜드 바닷가재 등을 재료로 삼아 영국의 지역적 특색을 담고 있다. 그만큼 가격대는 높은 편이지만 특별한 날에 추억을 만들기엔 손색이 없다.

또 런던에 몇 개 지점을 가지고 있는 유명 레스토랑으로는 세인트 존St John이 있다. 베이커리가 특히 유명한데, 식사를 위해 가볼 만한 곳은 스피탈필즈에 있는 세인트 존 브레드 앤 와인St John Bread & Wine이다. 제철 재료를 위주로 구성한 메뉴를 선보이며 다른 레스토랑에 비해 약간 캐주얼한 분위기다. 영국 요리로 유명한 셰프 마크 힉스가 운영하는 레스토랑도 빼놓을 수 없다. 힉스 오이스터 앤 피시 하우스Hix Oyster & Fish House, 힉스 소호Hix Soho, 트램셰드Tramshed를 비롯해 런던에 각기 다른 분위기의 레스토랑과 바를 총 10개 운영하고 있다. 어디를 선택해도 좋지만 2013년 문을 연 리버풀 스트리트 근처의 힉스 시티Hix City가 모던하면서도 영국적인 분위기를 간직한 레스토랑이다.

TIP : 예산 규모에 따라 식사를 선택할 경우, 파이 앤 매시는 1인당 3~4파운드, 피시 앤 칩스는 10파운드 내외, 그리고 이런 레스토랑을 방문할 경우 30~50파운드 정도(파이브 필즈 같은 경우 60~70파운드) 생각하면 된다. 펍에는 팁이 포함되지 않고 바에서 바로 계산하면 되지만 레스토랑은 대부분 계산서에 12.5퍼센트 정도의 팁이 포함되므로 따로 지불하지 않아도 된다.

빵맛 아는
이들의 단골집
런던의 유명 베이커리

영국이 음식 문화가 발달하지 않았고, 맛있는 음식이 없다는 오해에 비해 영국 빵에 대한 인식은 대체적으로 그리 나쁘지 않다. 프랑스의 바게트나 포르투갈의 에그타르트, 이탈리아의 티라미수에 비견할 빵과 디저트가 영국에도 있다. 이름에서 이미 국적을 드러내고 있는 잉글리시 머핀이나 애프터눈 티 세트에 빠지지 않고 등장하는 스콘이 바로 그것이다. 너무 일반적인 음식이라 국적을 말하는 게 새삼스러운 샌드위치는 18세기 영국 귀족의 이름을 딴 것이다. 서서히 발전해 온 영국 빵 문화의 현재는 길가 상점들의 풍경과 슈퍼마켓만 봐도 알 수 있다. 런던에 살면서 한식이 그립지 않느냐는 질문을 들을 때마다 영국 빵이 만족스럽다는 대답으로 대신할 정도로 런던에서는 슈퍼마켓 체인에서도 매일 아침 새로 구운 맛있고 신선한

> **E5 베이크하우스**
>
> ◉ | Arch 395, Mentmore Terrace,
>   London, E8 3PH
> ☎ | +44 (0)20 8525 2890
> Tube | 런던 필즈(London Fields) 역에서
>   도보 2분
> 🕐 | 오전 7시~오후 7시

E5 베이크하우스

빵을 손쉽게 맛볼 수 있다. 하지만 빵을 사랑하는 이들은 어디에서나 유명 베이커리를 찾아다니게 마련이다. '어느 빵집에는 특히 어떤 빵이 맛있더라' 식의 입소문을 들으면 확인하고 싶어지는 게 당연지사다.

소문을 듣고 찾아가본 첫 번째 베이커리는 해크니 지역에 자리한 E5 베이크하우스 E5 Bakehouse다. 해크니 지역의 런던 필즈 기차역의 아치(굴다리) 아래에 자리해 소문대로 이스트 런던 특유의 예술적인 분위기를 간직하고 있는

도넛으로 유명한 세인트 존의 커스터드 도넛

세인트 존 베이커리

- 72 Druid St, London, SE1 2HQ
- +44 (0)20 7237 5999
- Tube | 버몬지(Bermondsey) 역에서 도보로 12분
- Bus | 47, 188, 381 보스 스트리트(Boss Street) 하차 후 도보로 5분
- 오전 9시~오후 4시(토요일)

곳이다. 이 베이커리가 특히 유명한 것은 오가닉 재료를 사용해 건강빵을 만들기 때문이다. 일반적인 효모를 사용하지 않고 이스트를 직접 배양해서 자신들만의 방식으로 발효를 하고, 지역 주민들과 적극적으로 소통해 레시피를 개발하며, 환경친화적인 방식으로 자전거를 이용해 배달하는 등 건강과 환경, 지역 커뮤니티에 기여하겠다는 철학을 실천하는 곳이다. 입구에 놓인 테이블에는 한가로이 책을 읽으며 아침을 즐기는 동네 사람들이 앉아 있고, 실내로 들어서면 안쪽 넓은 주방에서 다양한 빵이 구워지는 모습을 볼 수 있다. 테이블 위 투명한 유리병에 크게 멋 부리지 않고 꽂아둔 꽃은 내추럴한 분위

사우스켄싱턴의 게일스 베이커리

게일스(햄스테드)
- 📍 | 64 Hampstead High Street, London, NW3 1QH
- ☎ | +44 (0)20 7794 5700
- Tube | 햄스테드(Hampstead) 역에서도 도보 1분
- 🕐 | 오전 7시~오후 8시

게일스(소호)
- 📍 | 128 Wardour Street, London, W1F 8ZL
- ☎ | +44 (0)20 7287 1324
- Tube | 옥스포드 서커스(Oxford Circus) 역에서 도보 8분
- 🕐 | 오전 8시~오후 9시(월~목요일), 오전 8시~오후 10시(금요일), 오전 9시~오후 10시(토요일), 오전 9시~오후 7시(일요일, 공휴일)

게일스(사우스 켄싱턴)
- 📍 | 45 Thurloe Street, London, SW7 2LQ
- ☎ | +44 (0)20 7584 7499
- Tube | 사우스 켄싱턴(South Kensington) 역에서 도보 2분
- 🕐 | 오전 7시~오후 8시(월~금요일), 오전 8시~오후 8시(토요일), 오전 8시~오후 7시(일요일, 공휴일)

기를 더한다. 해크니 지역에 도착하자마자 E5 베이크하우스에 들러 빵 한 덩어리 사들고 동네를 한 바퀴 돌며 여기저기를 구경하는 것은 최소한 반나절 이상을 행복하고 재미있게 보낼 수 있는 일정이다. 이곳에서 먹어본 빵은 어느 하나 빼놓을 것 없이 만족스러웠는데 '해크니 와일드$^{Hackney\ Wild}$'란 이름의 오가닉 호밀빵과 치아바타, 포카치아는 다른 곳에 비해 특히 맛이 담백했다. 칠판에 적힌 간단한 아침 메뉴도 인기다. 신선한 빵과 함께 먹는 수프의 맛에 이끌려 이곳을 찾는 단골들이 많다.

주말에만 문을 여는 버몬지의 대표적인 빵집 세인트 존 베이커리$^{St.\ John\ Bakery}$는 도넛으로 유명하다. 셀프리지 백화점이나 포트넘 앤 메이슨에서도 세인트 존의 빵을 팔고 있다. 이곳에서 가장 인기 있는 커스터드 크림 도넛은 일찌감치 떨어지므로 헛걸음치지 않으려면 되도록 오전 시간에 방문해야 한다. 카페처럼 앉을 수 있는 공간은 없지만 일단 크림을 가득 머금고 있는 도넛을 보는 순간 사지 않고 그냥 나오기 어렵고, 맛본 이상엔 다시 찾을 수밖에 없을 정도로 달콤한 디저트를 좋아하는 이들을 유혹하는 메뉴다. 커스터드 크림 외에 계절에 따라 이곳에서 직접 만든 라즈베리잼, 살구잼, 복숭아잼 등을 넣은 도넛도 판매하며 그 밖에 다양한 종류의 빵이 있다.

만약 E5 베이크하우스나 세인트 존 베이커리를 찾아갈 여유가 없다면 런던 중심가에서 쉽게 만날 수 있는 베이커리로 게일스$^{Gail's}$를 추천한다. 2005년 햄스테드 지역에 처음 문을 연 뒤 현재는 소호를 비롯해 런던 전역에 20여 개의 지점을 가진 큰 규모의 베이커리지만 동네의 작은 빵집처럼 소박한 분위기에서 신선한 빵을 구워내고 있다. 호밀빵이나 바게트 같은 기본적인 빵이 인기 있으며 샌드위치와 요거트, 수프 등으로 간단한 식사를 하기에도 좋은 장소다. 현재 유명 베이커리 브랜드로 떠올라 아트페어 같은 큰 행사장이나 박람회 내부에서도 종종 만날 수 있다.

• Select 05 •

커피 애호가들이
극찬하는
로스터리 커피숍

　　　　　　　　오래전부터 차 문화가 발달한 영국이기에 많은 이들
이 런던 하면 흔히 홍차를 떠올린다. 실제로 관광객들뿐만 아니라 현지인들
도 어디서나 잘 갖춰진 애프터눈 티 세트를 자주 즐기곤 하니 차 문화의 전통
은 지금까지 이어지고 있는 셈이다. 하지만 런던에 며칠만 지내보면 이 도시
에 살고 있는 이들이 언젠가부터 차보다 커피를 더 즐긴다는 사실을 알게 된
다. 재미있는 것은 전 세계 최대 커피 소비국인 미국의 젊은이들이 요즘은 커
피보다 차를 즐겨 마시는 추세라는 사실이다. 미국과 정반대로 영국은 차 소
비량이 줄어들고 커피 소비량이 늘어나며 어느덧 세계적인 커피 도시가 되
었다. 한 손에 테이크아웃 커피를 들고 걸어가는 이들의 모습이 런던의 전형
적인 아침 풍경이 되어가고 있다. 비가 내리거나 흐린 날이 많아 그윽한 커피

다양한 원두와 드립 커피로 유명한 몬머스 커피

  향을 즐기기 좋다는 점도 런던이 세계적인 커피 도시가 된 이유 중 하나일 것이다. 스타벅스나 코스타 같은 체인점도 있지만 그보다 커피 맛이 좋기로 유명한 전문점들이 많으며, 영국인들에게 커피 이야기를 꺼내면 저마다 최고로 꼽는 커피 컴퍼니를 추천하곤 한다.

  런던에는 길거리의 평범한 커피숍에서도 원가가 높은 질 좋은 커피를 사용하는 집들이 꽤 많다. 커피 맛이 범상치 않아 어떤 원두를 쓰는지 물어보면 답변에서 철학과 고집이 묻어나 놀랄 때가 있다. 가장 먼저 언급하고 싶은 곳은 한국인 여행자들을 포함해 런던을 방문하는 이들에게 잘 알려져 있는 몬머스 커피 Monmouth Coffee 다. 이미 너무 유명하지만 이곳을 결코 빼놓을 수 없는 이유는 세계의 여러 커피 생산지의 농장에서 퀄리티를 직접 확인하고 거래하

클림슨 앤 손스   버로우 마켓의 몬머스 커피

몬머스 커피(버로우 마켓)
- 2 Park Street, The Borough, London, SE1 9AB
- ☎ +44 (0)20 7232 3010
- Tube 런던 브리지(London Bridge)역에서 도보 6분
- 오전 7시 30분~오후 6시(월~토요일), 일요일 휴무

몬머스 커피(코벤트 가든)
- 27 Monmouth St, Covent Garden, London, WC2H 9EU
- Tube 코벤트 가든(Covent Garden) 역에서 도보 5분
- 오전 8시~오후 6시 30분(월~토요일), 일요일 휴무

와일드 앤 우드 커피
- Unit 19, 1 New Oxford Street, London, WC1A 1BA
- Tube 홀본(Holborn) 역에서 도보 4분
- 오전 7시 30분~오후 5시 45분(월~금요일), 오전 10시~오후 5시 30분(토요일), 오전 10시~오후 3시(일요일)

클림슨 앤 손스
- 67 Broadway Market, London, E8 4PH
- ☎ +44 (0)20 7812 9829
- Tube 베스널 그린(Bethnal Green) 역에서 도보 17분
- Bus 394, 236번 등을 타고 브로드웨이 마켓(Broadway Market) 하차 후 도보 2분
- 오전 7시 30분~오후 5시(월~금요일), 오전 8시 30분~오후 5시(토요일), 오전 9시~오후 5시(일요일)

며, 단순히 매장 운영에 그치지 않고 로스팅한 원두를 런던 곳곳의 유명 카페에 공급하기 때문이다. 토요일 오전에만 문을 열어 원두를 판매하는 버몬지 매장 외에 평소 사람들이 주로 찾는 곳은 버로우 마켓과 코벤트 가든에 위치한 숍이다. 두 매장 모두 자체적으로 운영하는 로스팅 공장으로부터 매일 원두를 들여와 필터 커피와 에스프레소를 베이스로 한 커피를 판매한다. 원두 종류가 다양해 선택이 어렵다면 직원에게 강도와 풍미에 대한 취향을 간단히 얘기한 뒤 추천받으면 대체로 만족스러운 커피를 권해준다. 런던 곳곳에는 문 앞에 몬머스 커피를 공급받는다는 문구를 자랑스레 적어둔 커피숍들이 꽤 많다. 홀본에 위치한 와일드 앤 우드 커피Wild & Wood Coffee 역시 몬머스 커피를 사용하는 커피숍 중 한 곳이다. 물론 드립을 하는 사람에 따라 맛이 확연히 달라질 수도 있으니 유명한 원두를 공급받는다고 해서 맛이 보장되는 것은 아니지만 와일드 앤 우드 커피는 2014년 런던의 베스트 커피숍에 선정되면서 그 맛을 인정받고 있다.

몇몇 커피 애호가들이 내게 '런던 최고의 커피맛'이라고 강력히 추천해 방문해 본 곳도 있다. 해크니 지역 브로드웨이 마켓 거리에 자리한 허름한 커피숍 클림슨 앤 손스Climpson & Sons가 그곳인데, 처음 찾아간 날은 주인장이 가게 문을 닫던 시간이었다. 5시까지만 문을 연다는 사실을 모르고 먼 길을 찾아갔던 것이다. 하는 수 없이 발길을 되돌리려다 아쉬운 마음에 반쯤 내린 셔터 아래 고개를 들이밀고 한 잔만 테이크아웃해 갈 수 없겠냐고 물었다. 이미 에스프레소 머신의 세척을 끝낸 후라며 난감해 하던 주인은 잠시 후 에스프레소 대신 핸드드립 커피를 한 잔 내려주었는데, 과연 애호가들에게 사랑받는 이유가 공감될 만큼 깊은 풍미에 적당한 산미를 지녔다. 이후 다시 방문해 맛

쇼디치에 자리한 올프레스 에스프레소의 입구

쇼디치의 올프레스 에스프레소 내부

본 플랫화이트 커피도 진하면서 부드러운 맛이 마음에 들었다. 클림슨 앤 손스도 몬머스 커피처럼 직접 로스팅을 하고 원두를 자신들의 플래그십 카페 외의 여러 곳에 납품하고 있다.

에스프레소로 유명한 집으로는 올프레스 에스프레소 Allpress Espresso가 있다. 본래 뉴질랜드에서 출발한 회사로 작은 농장에서 최고 품질의 아라비카 원두를 거래하며 성장했고 지금은 전 세계 커피로 유명한 대도시에 하나씩 로스터리 카페를 운영하고 있다. 런던에서 올프레스 에스프레소를 맛볼 수 있는 곳은 쇼디치와 달스턴 지역이다. 널찍한 카페 공간 안쪽에 로스팅 기계를 갖추고 있어 유리벽 사이로 로스팅 과정을 엿볼 수도 있다. 비교적 한적한 곳에

올프레스 에스프레소(쇼디치)
- | 58 Redchurch Street, Shoreditch, London, E2 7DP
- ☎ | +44 (0)20 7749 1780
- Tube | 쇼디치 하이 스트리트(Shoreditch High Street) 역에서 도보 3분
- | 오전 8시~오후 5시(월~금요일), 오전 9시~오후 5시(토, 일요일)

올프레스 에스프레소(달스턴)
- | 55 Dalston Lane, Dalston, London, E8 2NG
- Tube | 달스턴 정션(Dalston Junction) 역에서 도보 6분
- | 오전 8시~오후 5시(월~금요일), 오전 9시~오후 5시(토요일, 일요일)

있지만 카페 분위기가 좋아 주말에 커피와 함께 브런치를 즐기는 이들이 많고 온종일 손님들이 이어지는 곳이다.

단골들로 붐비는 펍과
바는 따로 있다

현지인들에게 가장 일상적이면서 특별한 공간

어느 나라 출신이냐에 따라 분명히 다르게 드러나는 것 중 국민성이라는 게 있다. 일반화하는 것을 그리 좋아하진 않지만 런던에서 보낸 시간이 쌓이면서 영국 사람들의 성향에 대해 어느 정도 설명할 수 있게 됐다. 내가 런던에서 겪어본 영국인들은 예의 바르면서 내성적이고 다소 시니컬한 면을 지니고 있었다. 그런데 보이지 않는 벽을 치고 있는 것 같던 그들이 조금은 수다스러워지며 마치 낯가림을 끝낸 것처럼 허물없이 어울리는 장소가 있다. 바로 퍼블릭하우스, 우리가 흔히 줄여서 펍이라고 부르는 곳이다. 펍과 비슷한 역할을 하지만 좀 다른 분위기로 술 한 잔을 즐기는 바도 마찬가지다. 특별히 술을 좋아하지 않더라도, 혹은 아예 술을 마시지 못한다고 해도 런던에서는 한번쯤 꼭 들러볼 만한 곳이 펍이나 바다. 런더너들의 감정의 해우소 역할을 톡톡히 해내는 공간에 들어서면 그간 느끼지 못했던 사람 냄새를 느끼게 될 것이다.

· Select 01 ·

활기찬 분위기의
수제 맥주집

이스트 지역
젊은이들의 아지트

　　영국의 펍은 단순한 술집이 아니다. 이른 시간부터 영국식 아침 식사를 판매하고, 특별한 점심 메뉴를 선보이는 곳도 많다. 사람들은 펍에서 커피를 마시며 신문을 읽거나 게임을 하고 축구를 관람한다. 직장인들은 회의를, 가족들은 아이들까지 데리고 나와 외식을 하기도 하는 곳이 펍이다. 가장 활기 넘치는 시간은 저녁 무렵, 퇴근한 직장인들이 삼삼오오 모여 에일 한 잔씩 손에 들고 하루를 마무리하는 담소를 나눌 때다. 지극히 일상적인 공간이지만 평소보다 더 진솔한 모습을 보이는 현지인들 사이에서 어울리려면 펍으로 가야 한다.

　　펍은 런던 어디에서나 쉽게 찾을 수 있다. 술을 많이 마실 게 아니라면 맥주 한 잔의 가격은 큰 차이가 없으므로 아무 데나 마음에 드는 분위기의 펍

크레이트 브루어리

- The White Building, Unit 7, Queens Yard, Hackney Wick, London, E9 5EN
- +44 (0)20 8533 3331
- Tube | 해크니 윅(Hackney Wick) 역에서 도보 5분
- 정오~오후 11시(월~목요일, 일요일), 정오~자정(금, 토요일)

에 가면 된다. 뒷마당이 있어 야외 테이블에서 한잔 할 수도 있고, 템스 강이 내려다보인다거나, 가족 공간이 따로 마련돼 있어 아이들과 함께 가기에 좋은 곳들도 있는데 어디를 들어가든 크게 실망할 일은 없다. 만약 마음먹고 술맛 좋은 펍을 찾아가고 싶은 맥주 애호가라면, 젊은이들이 모이는 이스트 런던의 두 브루어리를 특별히 기억할 필요가 있다.

해크니 윅에 자리한 크레이트 브루어리Crate Brewery는 자신들만의 취향을 지

닌 힙스터들이 즐겨 찾는 곳이다. 이곳에 처음 간 날 나는 해크니 윅 역에 내려 몇 번이나 길을 의심했다. 공장 지대 같은 동네 분위기 때문에 트렌디한 펍이 있을 거란 기대를 도무지 할 수 없었기 때문이다. 그런데 일단 크레이트 브루어리에 들어서면 휑한 동네 어디에서 이런 사람들이 모여들었을까 싶을 정도로 거짓말 같은 세상이 펼쳐진다. 창고처럼 거친 인테리어에 감각적인 조명이 멋스럽고 공원에 놓일 법한 긴 나무 테이블과 의자가 실내외에 마련되어 있다. 바의 각 탭에는 맥주 이름과 알코올 도수, 가격이 표기되어 있는데 파인트 한 잔을 다 마시기 부담스럽다면 절반 가격에 하프 파인트를 주문하면 된다. 라거, 에일, 페일 에일, 스타우트, 사과주인 사이다까지 자체 양조하는 주류 메뉴를 갖추고 있고 안주로도, 식사로도 훌륭한 다양한 종류의 피자를 8파운드에서 12파운드 정도에 판매한다. 같은 건물에 자리한 양조장에

런던 필즈 브루어리

📍 | London Fields Brewery, 365-366 Warburton Street, London, E8 3RR
☎ | +44 (0)20 7254 7174
Tube | 런던 필즈(London Fields) 역에서 도보 5분
🕐 | 오전 9시~오후 6시(월~금요일), 토, 일요일 휴무

서는 목요일과 토요일에 브루어리 투어도 진행하고 있다.

　브루어리 투어 프로그램으로 좀 더 유명한 곳은 런던 필즈 공원 근처에 있는 런던 필즈 브루어리London Fields Brewery다. 모두 펍 분위기지만 크래프트 브루어리가 자신들의 공간을 '바 앤 피자Bar & Pizzeria' 전문점이라고 부른다면, 런던 필즈 브루어리는 '탭 룸 앤 카페Tap Room & Cafe'라 한다. 역시 맥주 양조장 바로 근처에 있으며 직접 양조한 맥주뿐만 아니라 오가닉 와인 리스트와 다양한 음식 메뉴를 갖추고 있고, 특히 일요일마다 가족들이 함께 먹는 영국 음식인 선데이 로스트가 맛있기로 유명하다. 영국의 펍에서는 특정 요일에 퀴즈 이벤트를 진행하기도 하는데, 이곳에서는 월요일마다 퀴즈 이벤트가 열린다. 재미있는 것은 퀴즈를 낼 때 사람들이 스마트폰으로 급히 답을 찾을 거라 생각했던 것과 달리 모두 종이를 들고 진지하게 문제 풀기에 골몰한다는 점이었다. 수제 맥주를 앞에 둔 사람들이 아날로그 방식으로 게임을 즐기는 모습이 인상적이면서도 정겹다. 금요일과 일요일에 런던 필즈 브루어리를 방문하면 근사한 밴드 공연과 라이브 재즈 공연을 즐길 수 있다. 이곳의 브루어리 투어는 맥주 양조에 대해 설명하고 탭 룸으로 옮겨 시음까지 이어지는 과정으로, 월요일부터 수요일까지는 저녁 7시, 주말에는 낮 시간대에 운영하고 있다. 유명 브루어리에서 수제 맥주가 양조되는 현장을 둘러본 뒤라면 맥주 맛이 더 특별하게 느껴지는 건 당연한 일이다.

록 스타의 아들이
운영하는 맥주 양조장
비버타운 브루어리
Beavertown Brewery

　　　　　　와인 시음회에 갈 때마다 종종 마주쳐 자연스레 술친구가 된 영국인이 한 명 있다. 어느 날 또 시음회에서 마주친 그가 재미있는 정보를 하나 알려주겠다며 말을 걸어왔다. 뜻밖에도 레드 제플린을 아느냐는 것이었다. 비록 내가 그들의 전성기 음악을 동시대에 듣고 자란 세대는 아니지만 내놓는 앨범마다 걸작으로 꼽힌 전설적인 영국 록 밴드의 이름을 모를 리 없다. 동시에 나는 이 애주가 친구가 갑자기 왜 록 밴드 이야기를 꺼냈는지 궁금했다. 그는 곧 레드 제플린의 보컬리스트인 로버트 플랜트를 언급했고, 유명하디 유명한 그의 이름을 말한 뒤에 어느 브루어리를 가보라고 추천했다. 로버트 플랜트의 아들이 지금 런던에서 맥주를 만들고 있다는 것이었다.
　　이 흥미로운 스토리의 주인공은 바로 로간 플랜트다. 아버지처럼 뮤지션이

되겠다는 결심을 하기 전, 그는 십대 시절 축구선수 생활을 했고 몇 년간 패션모델 활동도 했다. 이후 수년 간 가수 생활을 하다 음악활동을 잠시 접어두고 2011년 맥주 양조를 시작하며 새로운 커리어를 쌓기 시작했다. 그리고 설립한 지 얼마 되지 않는 비버타운 브루어리Beavertown Brewery는 2012년《텔레그래프》가 선정한 '런던의 Top 5 독립 양조장'에 꼽혔다. 사실 브루어리에서 가장 중요한 것은 맥주 맛이다. 짧은 시간 안에 이렇게 성장한 것은 그의 가수 경력이나 아버지의 유명세 덕분이 아닐까 싶은 마음에 그 맛을 직접 확인해 보고 싶어졌다. 런던 북동쪽, 3존에

비버타운 브루어리

- Unit 17 and 18, Lockwood Industrial Park, Mill Mead Road, Tottenham Hale, London, N17 9QP
- +44 (0)20 8525 9884
- Tube 토튼햄 해일(Tottenham Hale) 역에서 도보 8분
- 오후 2시~8시(토요일만 오픈)

비버타운 브루어리의 주인장, 로간 플랜트

  자리해 찾아가기에 좀 멀었지만 토튼햄 해일 역에 내리니 또 한 번 런던의 새로운 면을 만난 듯 한산한 도심 외곽의 분위기가 느껴져 색다른 경험을 할 수 있었다.

  역에서 10여 분 걸어 도착한 비버타운 브루어리에는 역시 록 음악이 울려 퍼졌다. 넓은 공간에 갖춰진 현대적 양조 시설을 둘러볼 수 있고, 그곳에서 바로 에일을 주문해 마시게 되어 있기에 양조장이 곧 펍이 된 듯하다. 규모가 커지면서 2014년 새롭게 마련한 이 '탭 룸'은 토요일에만 문을 여는데, 실내와 야외에 놓인 나무 벤치 테이블에는 오픈 시간에 맞춰 찾아온 사람들이 맥주를 즐기고 있었다. 단 2파운드에서 2.5파운드에 파인트 한 잔을 마실 수 있고 꾸밈없는 분위기 또한 멋이 있어, 맥주를 사랑하는 이라면 좋아하지 않을 수 없는 장소다. 이곳에서는 특히 IPA 맥주 종류가 인기다.

양조시설을 구경하고 있는데 어느 순간 익숙한 얼굴이 나타났다. 젊은 시절 로버트 플랜트의 모습을 꼭 빼닮은 로간 플랜트였다! 잠시 다가가 말을 걸자 그는 양조 시설을 직접 소개해 주고 탭 바로 나를 데리고 가서 맥주 한 잔을 권했다. 맥주를 맛본 나는 맛 하나만으로도 충분히 단골들을 끌어들일 수 있는 브루어리에서 자꾸 주인장의 아버지와 레드 제플린의 이름을 떠올린 것이 내심 미안해졌다. 맛에 스토리텔링이 더해지니 로간 플랜트의 맥주 사업이 방문객들에게 상당히 흥미로운 요소인 것은 사실이다. 하지만 지난 몇 년간 비버타운 브루어리가 이룬 성장세는 맥주 퀄리티 그 자체로 쌓아온 것이다. 이곳은 마음먹고 찾아가야 할 위치인 데다 토요일 오후 2시부터 8시까지만 운영하기에 시간적 제약은 있지만 일단 방문해 보면 후회하지 않을 정도로 맛있는 에일 맥주와 록 음악이 기다리고 있다. 양조 시설을 둘러보다 주인장과 우연히 마주치는 행운을 잡을지도 모른다.

Select 03

런던에서
가장 높은 바
오블릭스
Oblix

　　　　　　　　사람의 옆얼굴선 같은 대도시의 스카이라인이 세월의 흐름에 따라 그 모습이 변하면서 도시의 하늘에 정점을 찍는 '가장 높은 빌딩'도 순위가 바뀌곤 한다. 런던의 스카이라인에 큰 변화가 있었던 시기는 2012년이다. 런던 브리지 근처에 310미터 높이의 더 샤드 The Shard가 완공되면서 런던뿐만 아니라 유럽에서 가장 높은 건물로 우뚝 선 것이다. 흔히 런던의 전망을 볼 수 있는 랜드마크로 꼽는 런던아이나 세인트 폴 대성당의 높이가 각각 120미터와 110여 미터인 것과 비교해 보면 더 샤드는 그야말로 압도적인 키를 자랑하는 고층 건물이다.

　이 건물의 저층부에는 여러 회사의 사무실이 있고, 31층부터 33층까지는 바와 레스토랑, 34층부터 52층까지는 샹그릴라 호텔이 자리하며 그 위로는

　입주자들이 거주한다. 그리고 68층부터 72층에는 전망대인 더 뷰 프롬 더 샤드 The View from The Shard가 이어진다. 런던의 가장 높은 건물답게 전망대는 늘 관광객들로 붐빈다. 그동안 이 정도 높이에서 런던 시내를 내려다볼 수 있는 건물이 없어 오픈 초기부터 주요 관광 포인트 중 한 곳으로 자리 잡았고, 68층에 자리한 기념품 매장인 더 스카이 부티크 The Sky Boutique는 런던에서 가장 높은 가게가 되었다.
　더 샤드의 전망대 티켓 가격은 약 25파운드다. 물론 결코 싸지 않은 가격이다. 단순히 높은 곳에 올라가 도시를 내려다보기 위해 4만 원이 넘는 돈을 지불하는 것이 내키지 않는다면 높이가 조금 낮은 바나 레스토랑을 이용하는 것이 더 특별한 경험이 될 수 있다. 추천하고 싶은 곳은 32층에 자리한 라

오블릭스

- 31 Thomas Street, Level 32, The Shard, London, SE1 9RY
- +44 (0)20 7268 6700
- Tube | 런던 브리지(London Bridge) 역에서 도보 5분
- 정오~자정

운지 바, 오블릭스Oblix다. 72층 전망대에서 내려다보는 풍경에야 못 미치겠지만 이곳에서도 충분히 근사한 도시 전경이 펼쳐진다. 무엇보다도 술 한 잔을 마시며 몇 시간이고 보낼 수 있다는 점이 전망대와 비교할 수 없는 매력이다. 오블릭스는 같은 층에 레스토랑과 라운지 바가 따로 마련되어 있는데 격식 차린 식사를 하고 싶다면 예약을 한 뒤 레스토랑을 방문하고, 캐주얼하게 칵테일 한잔 마시며 분위기를 즐기고 싶다면 라운지 바로 가면 된다. 더 샤드 건물에 들어가는 것만으로 25파운드의 티켓을 구입해야 하는 것으로 오해하는 이들이 많은데, 전망대에 오를 게 아니라면 티켓은 구입하지 않아도 된다. 오블릭스 라운지 바는 런치 메뉴와 주말 브런치 메뉴를 갖추고 있고 저녁에는 안주 삼아 먹을 수 있는 다양한 스몰 디시 메뉴가 있다. 물론 음료만 마시

고 야경을 감상하다 가는 이들도 많다. 이들이 주로 즐기는 메뉴는 다양한 종류의 칵테일이다.

더 샤드는 생긴 지 오래되지 않았고, 런던의 가장 높은 건물이라는 상징성 때문인지 현지인들도 특별한 날에 이 건물의 레스토랑이나 바를 주로 찾는다. 나 역시 현지인 친구의 생일날 오블릭스 바에서 런던의 야경을 즐기며 글라스 와인 한 잔을 마셨다. 바 좌석의 맞은편 라운지 한켠에는 작은 무대가 마련되어 있고, 매일 저녁 7시부터 11시 사이에 라이브 연주가 펼쳐지는데, 운치 있는 도시의 한 장면을 배경 삼아 연주하는 밴드의 모습과 음악이 밤의 정취를 더한다. 해가 떨어지기 전에 도착해 완전히 어두워진 밤 시간까지 창밖으로 점차 변해가는 하늘색을 감상하며 바에 앉은 사람들의 대화에 섞이다 보면 런던의 밤이 참 아름답다는 생각이 절로 든다.

TIP : 오블릭스의 분위기는 꽤 럭셔리하지만 바에서 칵테일이나 글라스 와인 한두 잔을 마신다면 가격이 그리 부담스럽지 않다. 단, 드레스 코드가 있는데 너무 캐주얼한 스포츠 웨어나 슬리퍼 차림은 입장에 제한을 받을 수 있다.

예술적 감성의
바텐딩
런던의 '월드 베스트 바'
The World's Best Bars

　　　　　어느 분야에서건 각종 순위를 정하는 일은 주최 측의 영향력에 따라 결과의 신뢰도가 결정된다. '세계 최고의 바가 어디인가'를 주제로 순위를 매겼을 때, 그 주체가 저명한 주류 전문지 《드링크 인터내셔널Drink International》이라면 많은 이들이 일단 믿고 리스트를 살펴본다. 이 매체는 매년 '월드 베스트 바 50The World's 50 Best Bars'을 선정하는데 2012년부터 2014년까지 3년 연속 1위에 오른 바가 있다. 바로 런던 한복판에 자리한 랭엄 호텔The Langham Hotel의 아테장Artesian이다. 런던에는 고급스럽기로 유명한 호텔들이 많아 랭엄 호텔을 최고라고 할 수는 없지만, 이 호텔의 그라운드 플로어에 자리한 아테장 바만큼은 런던 최고, 아니 명실상부한 세계 최고의 바다.

　　아테장을 지금의 영광스러운 위치에 올려놓은 일등공신은 헤드 바텐더 알

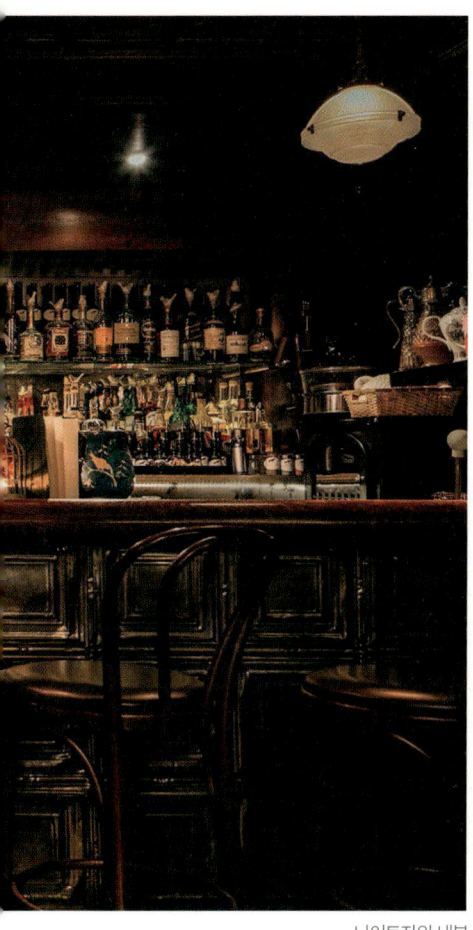

나이트자의 내부

렉스 크라티나다. 그의 바텐딩이 거의 예술의 경지에 이른다는 소문을 듣고 직접 경험해 보고 싶은 마음이 동했다. 아테장을 찾아갔을 때, 나는 가볍게 칵테일 한두 잔을 맛보고 나올 생각이었는데 운 좋게도 마침 그가 근무 중이어서 바텐딩에 대한 이야기를 직접 들을 수 있었다. 그와 대화를 나누면서 왜 아테장의 칵테일이 특별한지, 이곳이 독보적인 바로 자리매김하고 있는지 그 이유를 알 수 있었다. 알렉스 크라티나는 단순한 칵테일 제조에 그치지 않고 스토리를 부여해 한 편의 쇼를 선보이고 예술적 손길이 닿은 '사연이 깃든 맛'을 이끌어낸다. 원형으로 돌려

1 | 나이트자의 공연 장면
2 | 매일 다른 연주자들이 무대에 서는 나이트자의 공연
3 | 아테장의 개성 있는 칵테일 메뉴판

아테장

- The Langham, London, Portland Place, London, W1B 1JA
- ☎ +44 (0)20 7636 1000
- Tube 옥스포드 서커스(Oxford Circus) 역에서 도보 5분
- ⏰ 오전 11시~오전 2시(월~토요일), 오전 11시~자정(일요일)

나이트자

- 129 City Road, London, EC1V 1JB
- ☎ +44 (0)20 7253 4101
- Tube 올드 스트리트(Old Street) 역에서 3분
- ⏰ 오후 6시~오전 1시(월~수요일, 일요일), 오후 6시~오전 2시(목요일), 오후 6시~오전 3시(금, 토요일)

가며 볼 수 있도록 디자인된 메뉴판에는 각 칵테일의 베이스가 되는 술과 주재료를 비롯해 간략한 설명이 덧붙여져 있다.

먼저 아테장에서 사랑받는 칵테일 중 한 잔을 청하자 잔 위에 비닐 튜브가 올려진 어버브 앤 비욘드 Above & Beyond 란 이름의 칵테일을 가지고 왔다. 비닐을 터뜨려 그 속에 담긴 과테말라 삼림의 향을 맡은 후 시음하는 독특한 칵테일이다. 다음으로 마신 칵테일은 유칼립투스 향이 인상적인 여운을 남기는 포에버 영 Forever Young 이다. 랭엄 호텔의 단골이던 오스카 와일드의 소설 〈도리안 그레이의 초상〉에서 모티프를 얻었다고 한다. 아테장은 150여 종의 럼 셀렉션과 칵테일 종류를 갖추고 있고 지속적으로 새롭고 참신한 메뉴를 선보인다. 최근에는 독특한 글라스를 이용해 3D 칵테일도 개발했다. 신 메뉴 개발에 과감하게 투자해 어디서도 만날 수 없는 칵테일을 선보이는 것이야말로 아테장이 세계적인 바로 인정받고 있는 이유다. 매년 메뉴가 바뀌므로 예전에 맛본 칵테일 중 더 이상 메뉴에 없는 것도 있지만 미리 예약한다면 재료를 준비해 만들어준다.

월드 베스트 바의 순위에서 계속 상위권에 오르고 있는 런던의 바가 또 한 곳 있는데 쇼디치에 자리한 나이트자 Nightjar 가 그곳이다. 2012년 3위, 2013년 2위, 그리고 2014년 3위에 오르며 3년 연속 좋은 평가를 받고 있다. 호텔에 자리한 아테장이 세련된 분위기라면 나이트자는 보다 힙하고 조금 은밀한 느낌까지 드는 곳이다. 'nightjar'를 뜻하는 쏙독새 한 마리가 간판을 대신해 붙어 있는 문을 열고 지하로 내려가면 금주법 시대의 비밀스러운 술집인 '스피크이지 speakeasy' 콘셉트의 바가 펼쳐진다. 런던의 대표적인 바로 떠올라 예약하지 않고 가면 자리를 차지하기까지 긴 웨이팅이 필요하지만 스탠딩 손님을 받지 않는 정책 때문에 혼잡한 분위기는 아니다. 우선 이곳의 시그니처 칵테일 중 한 잔을 주문해볼 만한데 어느 것을 주문하든 시각적인 매력이 가득한 칵테일이 등장하므로 한 모금 마시기 전에 먼저 눈으로 감상부터 하게 된다. 또 이곳은 칵테일 외에도 빈티지 스피리츠와 압상트 메뉴까지 갖추고 있어 지금까지 한 번도 시음해 본 적 없는 술을 과감하게 마셔보고 싶다는 일탈을 이끌기도 한다. 나이트자의 분위기가 무르익기 시작하는 건 저녁 9시부터다. 블루스, 스윙, 보사노바 등 다양한 재즈 공연이 11시까지 펼쳐지는데 매일 다른 연주자들이 무대에 서는 일정이 거의 1년 치 미리 잡혀 있고 홈페이지를 통해 공개해 프로그램과 시스템이 웬만한 공연장 못지않다. 신기한 칵테일을 경험하거나 그저 분위기에 취해 런던의 밤 시간을 즐기기에도 근사한 공간이다.

· Select 05 ·

와인 향으로
가득한 도시
런던의 소믈리에들이
추천하는 와인바

런던을 두고 '와인 천국'이라 표현하면 종종 의아한 표정을 짓는 이들이 있다. 영국이 와인 생산국도 아닌데, 와인으로 유명한 도시를 넘어 천국이라니 무슨 소리냐는 반응이다. 그럴 때 나는 두 가지를 이야기한다. 먼저 영국에서도 와인이 생산되며 영국에서 만든 스파클링 와인은 제법 인정을 받고 있다는 것, 그리고 세계 최대 와인 소비국인 데 비해서는 자체 생산량이 적기 때문에 전 세계의 와인이 수입되고 있다는 것이다. 그만큼 런던에는 다양한 종류의 와인을 접할 수 있는 와인바와 레스토랑이 많고, 간단히 와인 한 잔을 마시고 싶을 때 글라스 단위로 선택할 수 있는 와인 종류의 가짓수도 많다. 전 세계 와인 생산자들이 모여 개최하는 각종 와인 행사나 시음회가 빈번하고, WSET^{Wine & Spirit Education Trust} 같은 세계적인 와인교육기관

고든스 와인바

- | 47 Villiers Street, London, WC2N 6NE
- | +44 (0)20 7930 1408
- Tube | 차링 크로스(Charing Cross) 역에서 도보 2분
- | 오전 11시~오후 11시(월~토요일), 정오~오후 10시(일요일)

새거+윌데

- | 193 Hackney Road, London, E2 8JL
- | +44 (0)20 8127 7330
- Tube | 혹스턴(Hoxton) 역에서 도보 5분
- | 오후 5시~자정(월~금요일), 정오~자정(토, 일요일)

28-50(매독스 스트리트점)

- | 17-19 Maddox Street, Mayfair, W1S 2QH
- | +44 (0)20 7495 1505
- Tube | 옥스포드 서커스(Oxford Circus) 역에서 도보 3분
- | 정오~오후 11시(월~수요일), 정오~자정(목~토요일), 일요일 휴무

28-50(페터레인점)

- | 40 Fetter Lane, London, EC4A 1BT
- | +44 (0)20 7242 8877
- Tube | 템플(Temple) 역에서 도보 9분
- | 정오~오후 11시(월~금요일), 주말 휴무

28-50(메릴본점)

- | 15-17 Marylebone Lane, London, W1U 2NE
- | +44 (0)20 7486 7922
- Tube | 옥스포드 서커스(Oxford Circus) 역에서 도보 9분
- | 정오~오후 11시(월~수요일), 정오~자정(목~토요일), 일요일 휴무

안티도트 와인바

- | 12A Newburgh Street, London, W1F 7RR
- | +44 (0)20 7287 8488
- Tube | 옥스포드 서커스(Oxford Circus) 역에서 도보 5분
- | 정오~오후 11시(월~토요일), 일요일 휴무

1 | 안티도트 와인바 입구
2 | 안티도트 와인바의 실내 바 좌석
3 | 새거+윌데의 다양한 와인들
4 | 새거+윌데의 내부
5 | 새거+윌데의 치즈 플레이트

의 본사가 있으며, 권위 있는 와인 전문지 《디캔터Decanter》 역시 영국 매체임을 고려할 때 이 도시가 보유한 와인 콘텐츠는 어마어마한 셈이다.

런던 여행 일정이 빠듯한 이들도 하루 저녁 정도는 와인바에 들러 다른 나라에서 쉽게 마실 수 없는 와인을 시음해 본다면 소중한 경험이 될 것이다. 관광객들에게 가장 잘 알려진 곳은 고든스 와인바Gordon's Wine Bar인데, 1890년에 문을 열어 2015년 125주년을 맞은 런던의 가장 오래된 와인바다. 실제로 가보면 펍 분위기의 인테리어에 삐걱거리는 나무, 벽에 걸린 낡은 액자 등에서 옛것 특유의 멋이 느껴진다. 무엇보다도 동굴 같은 공간이 이곳의 상징이다. 조명 없이 오직 테이블에 놓인 촛불에 의지해 와인잔을 기울이는 특별한 경험을 할 수 있다.

고든스 와인바가 현지인과 관광객들에게 두루 사랑받는 장소지만 소믈리에들이 추천하는 바는 따로 있다. 사실 내가 런던에서 만난 소믈리에들은 좋아하는 와인바에 대해 이야기할 때 고든스 와인바를 꼽진 않았는데, 그건 '가장 오래된 와인바'라는 수식어와 '동굴'로 인해 이미 너무 잘 알려졌기 때문이다. 그들은 와인 애호가들 사이에서 입소문으로 유명세를 타고 있는, 작지만 와인 리스트가 알찬 와인바를 선호한다. 대표적인 곳이 최근에 떠오른 새거+윌데Sager+Wilde다. 혹스턴 역에서 멀지 않은 위치에 자리한 이곳은 쉽게 눈에 띄지 않는 작은 가게지만 보유하고 있는 와인 리스트가 훌륭해 2013년 오픈 이후 소믈리에들과 와인 애호가들로부터 큰 사랑을 받고 있다. 글라스 단위의 와인과 함께 간단히 주문할 수 있는 바 메뉴 중에서는 6.5파운드 가격의 그릴드 치즈 샌드위치가 인기다. 밸류 와인을 잘 추천해 주는 직원이 있으니 와인 선택이 어렵다 해도 문제가 없다.

런던 중심가에 위치한 와인바 중 28-50은 분위기가 모던하고 훌륭한 와인 리스트를 갖춘 곳이다. 글라스 단위로 즐길 수 있는 와인은 총 30여 종인데 리스트가 자주 바뀌므로 단골들은 방문할 때마다 새로운 와인을 만나는 즐거움이 있다. 또 컬렉터들의 추천을 받아 만든 프라이빗한 와인 리스트가 따로 있으므로 원한다면 와인 전문가들의 안목으로 선택된 귀한 와인을 주문할 수도 있다. 28-50은 와인바이자 레스토랑이므로 음식 메뉴 또한 선택의 폭이 넓고 와인과 어울리는 음식을 매칭하기 쉬워 저녁식사를 하기에도 좋다. 중심가에 세 곳의 와인바를 운영하고 있는데 공간이 가장 넓은 곳은 매독스 스트리트Maddox Street다.

소호에 자리한 안티도트 와인바Antidote Wine Bar도 런던에서 빼놓을 수 없는 와인바다. 프랑스인 소믈리에 친구가 어느 날 특별한 와인바를 소개하겠다며 데리고 간 곳이 바로 안티도트였는데, 이곳에서 프랑스의 세부 지역 곳곳의 숨은 보석 같은 와인들을 발견하는 기쁨을 누렸다. 와인 안주로 제격인 다양한 치즈와 스몰 플레이트, 디저트 메뉴를 갖추고 있고 오직 유기농 와인만 취급하며 평소 쉽게 만날 수 없는 소규모 생산자들의 와인들로 가득하다. 안티도트에서 맛보고 반한 와인이 있다면 소매가격으로 구입해 갈 수도 있다.

생동하는 도시, 언제라도 즐거운 런던

연중 이어지는 축제 & 이벤트

런던은 다양한 나라의 사람들이 모여 사는 도시인 만큼 이곳에 와서 10년 넘게 살고 있는 다른 나라 사람들을 가끔 만나게 된다. 런던의 어떤 매력에 빠져들어 삶의 터전을 완전히 바꾸었는지 그들에게 물으면 어떤 이는 런던이 모든 것을 갖추고 있는 곳이라고 말했고, 또 다른 이는 다른 도시와 비교할 수 없는 역동성을 꼽았다. 모두 조금씩 다른 대답을 들려주지만 대체로 그들이 하는 말은 비슷하다. 런던은 다양한 사람들이 모여 다채로운 일들이 일어나며 그만큼 즐거움도 큰, 생동감 넘치는 도시라는 것이다. 그래서 이 도시를 여행하기 좋은 시기를 꼽자면 1년 중 어느 때라도 좋다고 말하고 싶다. 언제라도 무궁무진한 콘텐츠와 기획자들의 아이디어가 모여 흥미진진한 일들이 벌어지고 있기 때문이다. 대표적인 것들이 지금부터 소개할 크고 작은 축제들이다.

세계 최대
여름 클래식 페스티벌
BBC 프롬스
BBC PROMS

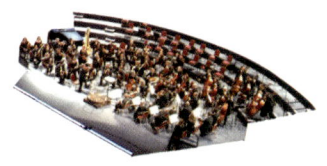

사우스켄싱턴 지역에는 유명한 홀이 하나 있다. 하이드 파크 근처를 지나다 보면 누구라도 절로 고개를 돌리게 되는 근사한 원형건물, 로열 알버트 홀 Royal Albert Hall이 그것이다. 5200석이 넘는 규모의 거대한 공연장에선 클래식 음악을 비롯해 대중음악 콘서트와 연설회, 박람회, 대학교 학위수여식 등 여러 대형 행사들이 개최된다. 수천 명의 어린이가 참석한 '해리 포터' 시리즈 출판기념회가 열렸을 정도로 공간을 예술 분야에만 한정시키지 않고 다양한 역할을 하는 곳이다.

이곳에서 개최되는 모든 행사 중 가장 유명한 것은 매년 여름 열리는 세계 최대 규모의 클래식 페스티벌인 BBC 프롬스 BBC PROMS다. BBC 프롬스는 1895년에 시작되어 2015년 120주년을 맞은 역사적인 음악 축제로 보통 7월 중순

공연 당일. 스탠딩석 티켓을 구매하기 위해 줄을 선 사람들

부터 9월 중순까지 약 8주 동안 열린다. 이 기간 로열 알버트 홀에서는 매일 공연이 진행되며, 영국의 대표적인 방송국인 BBC가 주최하는 만큼 모든 공연은 BBC 라디오 3을 통해 생중계된다. 프롬스 무대에 선 연주자들은 곧 '월드 클래스'라 생각해도 될 정도로 세계적인 명성을 자랑하는데, 2014년에는 서울시향이 정명훈 지휘자와 함께 국내 오케스트라 중 처음으로 프롬스 데뷔 무대를 가져 화제가 됐다.

 프로그램은 보통 4월에 공개되며 5월에 티켓 예매가 시작되는데, 예매가 시작되면 홈페이지에 전 세계의 음악팬들이 동시 접속해 예매 페이지로 넘어가기까지 대기 시간이 필요할 정도로 예매 전쟁이 치열하고 금방 매진이 된다. 하지만 예매를 못했다고 해서 프롬스를 즐길 방법이 없는 건 아니다. 공

1 | 프롬스 공연이 끝난 직후, 무대에 선 연주자들
2 | 해질 무렵 로열 알버트 홀 외관

연 당일 판매되는 스탠딩석을 뜻하는 프로밍^{Promming} 티켓이 있기 때문이다. 단 5파운드인 이 티켓은 프롬스의 상징 중 하나로 유명한데, 사람들은 공연 몇 시간 전부터 로열 알버트 홀 앞에서 줄을 선다. 홀 중앙의 아레나 석에 수백 명의 사람들이 서서 관람할 수 있으므로 아주 인기 공연이 아니라면 프로밍 티켓을 구하는 일은 그리 어렵지 않다. 클래식 공연이지만 스탠딩석이 일반적이라는 사실은 프롬스의 정체성을 보여주는 좋은 예다. 프롬스는 누구에게나 열려 있고 대중적인 클래식 음악 페스티벌을 지향하며, 실제로 클래식 애호가들뿐 아니라 축제 자체를 즐기는 이들이 많다. 가장 인기 있는 공연은 매년 마지막 무대를 장식하는 'The Last Night' 무대인데 이 공연은 스탠딩석을 구하는 사람들이 전날 밤부터 줄을 서기도 한다. 매년 이 무대에서 빠짐없이 연주되는 곡이 엘가의 '위풍당당 행진곡'이다. 영국인들이 이 곡에 맞춰 유니언잭을 흔드는 모습은 그야말로 장관을 이룬다.

프롬스 기간에는 웅장한 홀의 분위기를 경험하고 훌륭한 연주를 듣는 것뿐만 아니라 티켓 구입을 위해 줄을 서는 것조차도 특별한 경험이다. 처음 프롬스 공연을 봤을 때는 어마어마한 규모에 놀랐고, 남녀노소를 불문하고 수많은 사람들이 클래식 음악에 대한 거리감 없이 축제 자체를 즐기는 모습이 무척 인상적이었다. 또 한 가지 놀라웠던 것은 홀의 음향이다. 흔히 다목적홀에서 열리는 음악회라면 음향에 대한 기대를 접게 마련이지만 이 홀에서는 전혀 그럴 필요가 없다. 특히 프롬스에서 파보 예르비가 지휘한 파리 오케스트라의 '생상스 오르간 교향곡'을 들었을 때 받은 충격은 아직도 생생하다. 거대한 파이프 오르간이 만들어내는 소리는 그 어디에서도 들을 수 없었던 크고 위엄 있는 소리였다. 그 이후 여름이 다가오면 늘 BBC 홈페이지에 접속해 프롬스 프로그램들을 기웃거리곤 한다. 유명세만큼이나 장소와 프로그램 등 훌륭한 콘텐츠를 갖춰 기대 이상의 만족감을 주는 행사가 바로 프롬스다.

Select 02

공원에 자리잡은
자연 속 미술시장

프리즈 아트페어
Frieze Art Fair

당연한 이야기지만 아트페어는 작품을 구매하고자 하는 사람들만 찾는 곳이 아니다. 작품을 사고파는 미술시장이기 때문에 현재 어떤 작품이 사람들의 관심을 끌고 어떤 작가들이 활발한 활동을 하고 있는지에 대한 최신 트렌드를 알 수 있는 행사가 아트페어다. 그러므로 미술에 조금이라도 관심 있는 사람이라면 가벼운 발걸음으로 들러 충분히 재미있는 시간을 보낼 수 있다.

국내외에서 여러 아트페어를 다녀본 결과 미술시장이라고 다 같은 건 아니라는 걸 알게 됐다. 주최 측의 성향이나 참여 갤러리들, 타깃을 삼고 있는 컬렉터들의 성향에 따라 아트페어의 성격은 달라진다. 영국의 대표적인 아트페어인 프리즈 아트페어 Frieze Art Fair 는 현대미술 전문잡지인 《프리즈 Frieze》의 발

행인 아만다 샤프와 매튜 슬로토버가 설립했다. 2003년부터 매년 10월에 개최되고 있으며, 역사는 짧지만 잡지사가 주관하는 아트페어답게 화제성 있는 이벤트들이 함께 개최된다. 프리즈는 수많은 아티스트들이 다양한 활동을 펼치고 있는 런던 현대미술계의 상황과 맞물려 어느새 세계적으로 영향력 있는 행사로 자리매김하고 있다. 매년 규모가 커지고 관람객 수가 많아진 것은 물론이다.

   2년 연속 프리즈를 방문해 보니 일반 관람객 입장에서 가장 흥미로운 점은 개최 장소였다. 프리즈는 리젠트 파크에 임시 구조물이 설치되어 일반 박람회장과 사뭇 다른 분위기를 띤다. 한국의 경우 아트페어의 주요 개최장소가 서울의 코엑스나 부산의 벡스코 정도고 다른 국가도 박람회장을 활용하는 경우가 많은데, 프리즈는 런던 중심부의 공원에 터를 잡은 '자연 속 미술시

장'이란 점에서 다른 아트페어와 큰 차별점을 갖는다. 야외에 세워진 거대한 행사장에는 천장을 통해 어렴풋이 들어오는 자연광이 분위기를 더욱 활기차게 만들어주고, 그 아래 화이트 컬러로 마련된 각 갤러리 부스 사이를 돌아다니며 발길을 끄는 작품들을 관람하는 재미가 쏠쏠하다. 단기간에 성장을 거듭해 온 아트페어답게 1000명이 넘는 아티스트들의 작품이 전시되며 전 세계 내로라하는 작가들의 작품이 곳곳에 포진되어 있다. 가격도 적게는 한화로 수백 만, 수천 만 원부터 억대를 호가하는 작품들도 있어 나의 관람 태도는 철저히 구매자가 아닌 관람자 입장이 된다. '시장' 구경이 아니라 아주 특별한 '갤러리'를 방문한 기분으로 작품을 관람하는데, 첫날 방문했다가 그 분위기에 반해 사흘 연속 리젠트 파크를 찾기도 했다.

프리즈가 엄선한 갤러리들은 국제무대에서도 이름이 알려진 화상들이다. 한국에서는 국제갤러리와 갤러리현대가 프리즈에 참가해 행사장에 자리를 잡고 있었다. 명성 있는 갤러리들로 전시장을 구성하고, 작고한 작가들보다는 현재 활동 중인 생존 작가들의 작품을 위주로 전시하며, 실험적인 작품들도 과감하게 소개한다는 점이 프리즈 아트페어가 차별화된 부분이다. 저명한 예술계 패널들이 참석해 뜨거운 예술담론이 오가는 부대 프로그램 프리즈 토크 Frieze Talks 나 최근 새롭게 생긴 퍼포먼스 중심의 라이브 프로그램도 주목할 만하다.

프리즈에서 누릴 수 있는 또 한 가지 재미는 '사람 구경'이다. 예술계 종사자들이나 작품 구매력이 있는 미술품 컬렉터들이 많이 찾는 장소다 보니 런던 그 어떤 공간보다 감각적으로 차려 입은 사람들이 많이 눈에 띈다. 가을, 런던에서 여러 가지 의미로 가장 스타일리시한 장소가 프리즈 아트페어 현장이라 해도 틀린 말은 아닐 것이다.

TIP : 공원에서 열리는 아트페어의 특징을 살려 야외에는 조각 작품들을 설치한다. 아트페어가 열리는 동안 조각 공원이 조성되어 있으므로 실내 관람 후에는 야외공간도 놓치지 말고 둘러보자.

런던의 문이
열리다
오픈 하우스 런던
Open House London

1년에 딱 한 번, 런던에는 아주 특별한 주말이 있다. 1992년부터 매년 9월 중 열리는 '오픈 하우스 런던 Open House London'이란 이름의 행사다. 연중 단 이틀이므로 런던 방문 기간과 이 행사 기간이 겹친다면 아주 운이 좋은 셈이다. 이 행사는 말 그대로 런던의 문이 활짝 열리는 이벤트다. 런던의 수백 개 건축물들이 대중에게 무료로 공개되어 자유롭게 둘러보며 관련 자료까지 얻을 수 있다. 다시 말하자면, 평소에는 돈 주고도 못할 투어인 것이다.

오픈 하우스 런던에 포함되는 건물들은 해마다 조금씩 다른데, 호응이 좋아 매년 늘어나는 추세로 2014년에는 800여 개 건축물이 개방됐다. 그중에는 평소 내부에 들어가볼 수 있는 곳도 있지만, 일반인에게 전혀 공개하지 않

오픈 하우스 런던 행사 때 공개된 영국 외무행정부 내부(위 왼쪽)와 영국 왕립 재판소(위 오른쪽)

왕립재판소에 입장하기 위해 줄을 선 사람들

는 건물도 많다. 평상시 개방 여부와 무관하게 오직 '보여주기 위해' 일제히 문을 여는 것은 오픈 하우스 런던이 개최되는 단 이틀뿐이므로 수백 개 건물 중 어디로 가볼 것인지 결정하려면 사전 전략이 필요하다. 영화나 드라마 촬영지처럼 잘 알려진 건물들을 선택할 경우 지나치게 오래 줄을 서야 할 가능성이 높고, 이틀이라는 한정된 시간 안에 방문할 수 있는 장소의 수가 줄어들기 때문이다. 그러므로 런던의 대표적인 랜드마크라 해도 평소에 들어가볼 수 있는 샤드The Shard 같은 건물은 목록에서 제외하는 것이 좋다. 줄이 길지 않은 곳 위주로 동선을 잘 짜서 알차게 둘러본다면 하루에 서너 개 건물은 충분히 볼 수 있다.

  오픈 하우스 런던에 가보면 관광객보다 현지인이 월등히 많다는 사실을 알게 된다. 런던 내에서는 잘 알려진 행사인데 의외로 관광객에게는 정보가 제대로 전달되지 않아서이기도 하고, 시민들이 궁금했던 공공기관의 내부를 보기 위해 나오거나 교육 차원에서 아이들을 데리고 나오는 경우가 많기 때문이다. 나는 런던에 도착한 지 얼마 되지 않아 운 좋게도 오픈 하우스 런던에

오픈 하우스 런던의 인기 장소 중 하나인 30 세인트 메리 엑스 건물, 오이를 닮아서 거킨(Gherkin)빌딩이라고도 부른다

대한 정보를 얻었다. 런던에서 꽤 오래 살아온 캐나다인이 내게 오픈 하우스 런던에 가볼 것을 권했고, 수많은 장소들 중 어디로 가볼까 망설이자 영국 왕립재판소와 영국 외무행정부 두 곳을 추천해 줬다. 그리고 그녀의 추천에 따라 방문한 두 건물은 역시 후회 없는 선택이었다.

위엄 있는 근사한 건축물인 왕립재판소는 내부 공간을 구경하는 것도 재미있었지만 관람객에게 법정에 앉아볼 수 있는 기회가 제공되고 판사, 변호사, 피고인, 증인, 배심원 들이 어느 자리에 앉는지에 대한 설명 등을 해줘 더욱 흥미로웠다. 또 재판소의 감옥 입구까지 가볼 수 있을 정도로 공간을 제대로 '오픈'했다. 외무행정부 또한 공무원들의 집무 공간을 볼 수 있는 특별한 기회였다.

무엇보다도 오픈 하우스 런던을 단순한 이벤트에서 꼭 볼 만한 가치가 있는 행사로 격상시키는 것은 잘 짜인 프로그램이다. 단순히 공간을 개방하고 보여주는 것이 아니라 입구에서 건물의 동선과 함께 공간에 대한 설명이 적힌 종이를 나눠주고 곳곳에 있는 직원들이 필요할 때마다 설명을 해주기도 한다. 이 정도라면 아주 수준 높은 견학이 아닐까 싶은 생각도 들었다. 오픈 하우스 런던은 평생 갈 일이 있을 거라 생각하지 않았던 장소에 들어가보고, 런던의 유명 건축물 곳곳을 둘러보는 흔치 않은 경험을 제공하는 매력적인 행사다.

가을 날에 열리는
영국 최대 영화 축제
BFI 런던국제영화제

　런던에서는 영화배우들이 레드카펫 밟는 걸 보는 일이 그리 어렵거나 드물지 않다. 레드카펫 행사가 열리는 대표적인 장소를 꼽자면 매년 2월 영국의 아카데미 시상식 BAFTA가 열리는 로열 오페라 하우스 앞, 그리고 BFI 런던국제영화제^{BFI London Film Festival} 개막식이 열릴 무렵의 BFI 사우스뱅크^{BFI Southbank} 앞이다. 그 외에도 영화의 거리라 할 수 있는 레스터 스퀘어 앞에는 비정기적으로 영화 개봉 행사가 열리므로 지나다가 스타를 만나는 행운을 누릴 수 있다.

　레드카펫 이야기를 꺼낸 이유는 2014년 BFI 런던국제영화제 개막식 레드카펫을 밟은 베네딕트 컴버배치의 모습이 떠올라서다. 당시 개막작인 〈이미테이션 게임〉의 주연배우로 영화제에 참석한 그는 자신을 보기 위해 빗속에서도

BFI 사우스뱅크 외관

장사진을 이룬 많은 팬들에게 환한 미소로 응대했다. 레드카펫을 빛낸 이는 그뿐만이 아니다. 브래드 피트, 시에나 밀러, 마이크 리, 리즈 위더스푼, 제니퍼 로렌스 등 많은 배우와 감독들이 이곳에서 관객과 만났다. 2016년이면 60주년을 맞는 BFI 런던국제영화제는 1933년 설립된 영국영화협회, BFI^{British Film Institute}가 주관하는 영화제로, 흔히 BFI를 떼고 런던국제영화제라고 부른다. 지금은 전 세계 50여 개국에서 온 300편이 넘는 영화들을 상영하는 영국 최대의 영화제지만 첫 회에는 단 15편의 영화로 출발했다. 구로사와 아키라의 〈거미집의 성〉이나 잉그마르 베르히만의 〈제7의 봉인〉 등 그 시대 걸작들을 프리미어로 상영하며 초반부터 명성을 쌓기 시작했다. 지금은 세계적인 국제영화제 중 하나로 떠올라 해외에서 호평받은 신작들과 함께 영국 영화를 발굴하는 역

영화 관련 아이템이 가득한 BFI 숍

할을 한다. 한국 영화들도 꾸준히 초청받아 상영되고 있다.

런던국제영화제의 개최 시기는 10월이다. 아시아 최대 영화제인 부산국제영화제가 개최되는 기간과 비슷하다. 내가 처음 런던국제영화제를 찾은 것은 한국에 있었다면 당연히 방문했을 부산국제영화제를 대신해 '영화제 시즌'을 즐기기 위해서였다. 한번 정도 경험 삼아 분위기를 즐길 겸 방문한 영화제였지만 알찬 프로그램 덕분에 보고 싶은 작품 목록이 늘어나, BFI 사우스뱅크를 포함해 영화제 초청작들이 상영되는 여러 상영관들을 방문하며 영화를 감상했다. 런던국제영화제 측은 2014년 10월에 개최된 58회 영화제를 역대 최고 성과를 이룬 영화제라고 공식 발표하기도 했는데, 관객 수 증가뿐만 아니라 〈버드맨〉이나 〈위플래쉬〉처럼 런던국제영화제에서 먼저 소개된 작품들이 2015년 아카데미 시상식에서 좋은 성과를 거뒀기 때문이다.

영화제가 개최되는 10월 둘째 주 무렵에 런던에 머문다면 당연히 방문할 곳은 BFI 사우스뱅크다. 하지만 이곳은 영화제 개최 기간이 아니라 해도 영화를 좋아하는 이들이라면 한번쯤 가볼 만한 건물이다. 시네필들의 마음을 설레게 하는 영화 자료실, 미디어테크와 도서관이 있고 건물 입구에 자리한 BFI 숍에는 한국에서 구하기 힘든 DVD와 영화 포스터들이 가득하기 때문이다. 어디든 멀티플렉스 극장의 모습은 비슷하지만 이렇게 진지한 영화 사랑이 묻어나는 공간에서는 남다른 문화적 향기가 느껴지게 마련이다.

· Select 05 ·

런던의 대표적인
주류 축제
런던 와인 위크 &
런던 칵테일 위크
London Wine Week & London Cocktail Week

런던에서 특별한 종이 팔찌를 차고 거리를 누빌 때가 있다. 그날의 티켓을 증명하는 팔찌만 차고 있다면 여기저기 자유롭게 이동할 수 있는 록 페스티벌처럼 말이다. 이 종이 팔찌는 런던 와인 위크London Wine Week와 런던 칵테일 위크London Cocktail Week의 입장권 같은 것이다. 알코올 음료 축제가 록 페스티벌과 형식이 비슷하다니 꽤 신선한 느낌이 든다. 시스템은 이렇다. 온라인으로 10파운드에 팔찌를 구매한 뒤 행사가 시작되면 먼저 팔찌를 찾아 착용하고, 축제에 참여하는 바 중 원하는 곳으로 가서 평소보다 대폭 할인된 가격인 글라스당 5파운드에 다양한 칵테일이나 와인을 즐기는 것이다. 현장에서 팔찌를 구매해도 되지만 현장 구매 가격은 15파운드다.

런던 와인 위크는 매년 5월, 런던 칵테일 위크는 10월에 개최된다. 시작은

런던 와인 위크 참여 와인 숍 입구

런던 칵테일 위크였다. 2010년 처음 행사를 개최했을 때는 업계에 종사하는 이들이 중심이 되었지만 순식간에 대중의 인기를 얻었다. 평소 궁금했지만 가격이 부담됐던 바들을 방문하거나 유명 바텐더들의 실력을 확인하고 다양한 칵테일을 즐기기에 이만한 기회가 없기 때문이다. 첫 개최 이후 성장을 거듭한 런던 칵테일 위크는 런던 전체에서 250여 개 바가 참여하는 대규모 행사가 됐고, 매년 세계 최고의 바를 선정하는 '월드 베스트 바' 시상식도 이 기간에 열린다. 런던 칵테일 위크가 크게 호응을 얻자 2014년 5월, 처음으로 런던 와인 위크가 개최됐다. 5월에는 런던 와인 페어 London Wine Fair도 열리는데, 런던 와인 위크는 의도적으로 와인 페어와 비슷한 시기에 날짜를 맞춰 시너지 효과를 얻고 있다. 실제로 이 기간에 런던 중심가나 행사장 주변을 지나면

런던 와인 워크

런던 칵테일 위크

떠들썩한 축제 분위기 속에서 와인 향기가 느껴지는 듯한 기분이 들 정도다.

런던 와인 위크와 런던 칵테일 위크는 단기간에 성장해 이제는 각각 봄과 가을에 열리는 런던의 대표적인 주류 축제로 꼽힌다. 두 행사에 참여하며 가장 즐거웠던 것은 '바 투어'를 시도해 볼 수 있다는 사실이었다. 행사 기간에는 평소 문턱이 높았던 곳들도 저렴한 가격에 방문해 동일한 서비스를 받을 수 있으니 어디서든 가볍게 한 잔씩 즐긴 뒤 다른 곳으로 이동하면 된다. 팔찌를 구매하며 받은 카탈로그는 참여 바 목록과 프로그램을 담고 있어, 일주일간의 주류 여행 안내서가 된다. 행사가 커짐에 따라 점차 이벤트도 늘어나, 프라이빗한 테이스팅을 즐기는 이들을 위한 별도 프로그램과 마스터 클래스, 서퍼 클럽 등 다양한 프로그램이 일주일 동안 이어진다.

런던 와인 위크와 런던 칵테일 위크의 가장 큰 매력은 다른 주류 행사와 달리 대중 참여적인 이벤트라는 점이다. 와인 페어 같은 박람회들이 주로 수입업자들과 생산자들처럼 업계에 종사하는 사람들을 위한 행사인 반면, 런던 와인 위크와 런던 칵테일 위크는 미성년자만 아니라면 누구나 참여할 수 있는 진정한 페스티벌이다. 축제 기간에 맞춰 각 바에서 준비한 메뉴도 훌륭하다. 평소라면 5파운드의 가격으로는 결코 마실 수 없는 뛰어난 퀄리티의 와인이나 각 바에서 자랑하는 시그니처 칵테일이 제공된다. 현지인들은 물론 런던 방문객들에게도 일주일 동안 런던의 와인 문화와 칵테일 문화를 마음껏 경험해 볼 수 있는 더할 나위 없이 좋은 기회다.

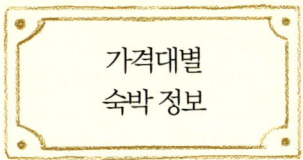

가격대별 숙박 정보

— 10만 원 미만

Generator Hostel London

유럽 몇몇 국가에서 운영되고 있는 인기 호스텔 체인으로, 모던한 인테리어가 특징이다. 대영 박물관과 멀지 않은 곳에 있다.

- 37 Tavistock Place, Off Compton Place, London, WC1H 9SE
- +44 (0)20 7388 7666
- www.generatorhostels.com/London

Clink78 Hostel

외관이 전혀 호스텔답지 않게 고풍스러운 건물이다. 법원 건물을 개조해 예스러운 분위기가 남아 있으면서도 시설이 깨끗하다.

- 78 King's Cross Road, London, WC1X 9QG
- +44 (0)20 7183 9400
- www.clinkhostels.com

Safestay

엘리펀트 앤 캐슬 지역에 있는 호스텔. 사우스뱅크와 타워 브리지 등이 멀지 않다. 기숙학교 같은 외관과 세련된 실내 인테리어가 대조적이다.

- 144-152 Walworth Road, Elephant & Castle, London, SE17 1JL
- +44 (0)20 7703 8000
- www.safestay.co.uk

Palmers Lodge

대형 체인 호스텔보다 소규모를 선호하는 여행자들이 선택할 만한 부티크 호스텔이다. 런던 북부에 위치해 캠든과 햄스테드, 프림로즈 힐로 가기 좋다.

- 40 College Crescent, Swiss Cottage, London, NW3 5LB
- +44 (0)20 7483 8470
- palmerslodges.com/swisscottage

Travelodge

영국과 아일랜드 전체에 500개의 저렴한 호텔을 가지고 있는 트래블로지. 런던에만 수십 개 이상의 지점을 가지고 있는 체인 호텔로 위치 선택의 폭이 넓다는 것이 장점이다. 일찍 예약할수록 저렴하다.

- www.travelodge.co.uk

Easy Hotel

유럽 여러 국가에 체인으로 운영하고 있는 이지호텔은 런던 빅토리아, 올드 스트리트, 패딩턴, 사우스 켄싱턴 등에 지점이 있다.

- www.easyhotel.com

— **10만 원~40만 원**

Qbic London City

3성급 디자인 호텔이다. 암스테르담에 처음 문을 연 뒤 두 번째로 2013년 런던에 오픈해 최신 시설을 자랑한다. 중심가에서 약간 이스트 지역에 자리하며 화이트 채플 갤러리 등과 가깝다.

- 📍 | 42 Adler Street, London, E1 1EE
- ☎ | +44 (0)20 3021 3300
- @ | london.qbichotels.com

The Pavilion Hotel

파빌리온 호텔은 'The Pavilion Fashion Rock 'N' Roll Hotel'이라고도 한다. 30개의 방이 펑키한 이미지로 디자인된 재미있는 호텔이다.

- 📍 | 34-36 Sussex Gardens, London, W2 1UL
- ☎ | +44 (0)20 7262 0905
- @ | www.pavilionhoteluk.com

Ace Hotel London Shoreditch

쇼디치 지역에 위치해 브릭 레인, 박스 파크 등과 가깝다. 로비와 레스토랑의 트렌디한 분위기와 깔끔한 디자인의 룸이 젊은이들에게 인기다.

- 📍 | 100 Shoreditch High Street, London, E1 6JQ
- ☎ | +44 (0)20 7613 9800
- @ | www.acehotel.com/london

CitizenM London Bankside

뉴욕, 파리, 암스테르담 등에도 있는 체인 호텔로, 런던에는 테이트모던 갤러리 근처에 위치한다.

- 📍 | 20 Lavington Street, London, SE1 0NZ
- ☎ | +44 (0)20 3519 1680
- @ | www.citizenm.com/destinations/london/london-bankside-hotel

Stylotel

고풍스러운 외관과 달리 스타일리시하고 모던한 인테리어가 특징인 3성급 호텔이다. 패딩턴 역과 가깝고 하이드 파크도 걸어서 10분이면 갈 수 있는 거리에 있다.

- 📍 | 160-162 Sussex Gardens, London, W2 1UD
- ☎ | +44 (0)20 7723 1026
- @ | www.stylotel.com

AVO Hotel

가족이 운영하는 작은 부티크 호텔이다. 리버풀 스트리트 근처에 있어 쇼디치나 해크니 등 이스트 지역을 주로 방문할 계획이라면 좋은 위치다. 요청에 따라 채식주의자의 식성까지 맞춰준다.

- 📍 | 82 Dalston Lane, London, E8 3AH
- ☎ | +44 (0)20 3490 5061
- @ | www.avohotel.com

Twenty Nevern Square Hotel

웨스트 지역 얼스 코트 근처에 있어 사우스 켄싱턴과 멀지 않다. 수공예 가구로 꾸며진 20개의 룸을 갖춘 4성급 호텔이다.

- 📍 | 20 Nevern Square, London, SW5 9PD
- ☎ | +44 (0)20 7565 9555
- @ | www.20nevernsquare.com

The Hoxton

쇼디치와 홀본, 두 곳에 호텔을 운영하고 있다. 라운지와 레스토랑을 비롯해 전체적인 분위기가 젊고 감각적이다.

- 📍 | 81 Great Eastern St, London, EC2A 3HU
- ☎ | +44 (0)20 7550 1000 (쇼디치)
- 📍 | 199-206 High Holborn, London, WC1V 7BD
- ☎ | +44 (0)20 7661 3000 (홀본)
- @ | www.thehoxton.com

― **40만 원 이상**

The Savoy Hotel

트라팔가 광장, 코벤트 가든 등 런던의 주요 명소로 걸어가기 좋은 위치에 자리한 사보이 호텔은 1889년 지어진 유서 깊은 호텔이다. 아르데코 양식으로 유명해 이곳에 숙박하지 않더라도 내부를 둘러보기 위해 찾는 이들이 많다.

- ⊙ | Strand, London, WC2R 0EU
- ☎ | +44 (0)20 7836 4343
- @ | www.savoy-experiences.com

Shangri La Hotel At The Shard London

세계적인 호텔 체인 샹그릴라 호텔은 2014년 오픈했다. 런던의 가장 높은 건물인 더 샤드의 34~52층에 자리 잡아 최고의 전망을 자랑한다. 202개의 객실에서 통유리로 놀라운 전망을 감상할 수 있다.

- ⊙ | 31 Saint Thomas Street, London, SE1 9QU
- ☎ | +44 (0)20 7234 8000
- @ | www.shangri-la.com/london

The Ritz London

1906년 문을 연 리츠 런던은 피카딜리에 서 있는 웅장한 건물이다. 영국 왕실에서 주로 이용하는 호텔이며, 애프터눈 티 세트가 유명하다. 1층 바와 레스토랑은 드레스 코드가 있어 투숙객이라 해도 복장을 제대로 갖춰 입어야 입장할 수 있다.

- ⊙ | 150 Piccadilly, London, W1J 9BR
- ☎ | +44 (0)20 7493 8181
- @ | www.theritzlondon.com

The Bulgari Hotel London

해롯 백화점, 하이드 파크와 가까운 나이츠브리지 지역에 2012년 문을 열었다. 불가리 브랜드 고유의 정체성이 구현된 부티크 호텔이다.

- ⊙ | 171 Knightsbridge, London, SW7 1DW
- ☎ | +44 (0)20 7151 1010
- @ | www.bulgarihotels.com/london

The Dorchester

하이드파크가 내려다보이는 곳에 위치한 도체스터 호텔은 특히 스파 시설과 서비스, 알랭 뒤카스가 운영하는 미슐랭 3 스타 레스토랑이 유명하다.

- ⊙ | 53 Park Lane, London, W1K 1QA
- ☎ | +44 (0)20 7629 8888
- @ | www.dorchestercollection.com/en/london/the-dorchester

Rosewood London

홀본 지역에 자리해 코벤트 가든이나 대영 박물관까지 10분 정도 거리다. 웅장한 외관에 전통적인 영국 분위기를 갖췄으며 객실 인테리어는 모던해 클래식과 현대미의 조화를 이룬 호텔로 평가받고 있다.

- ⊙ | 252 High Holborn, London, WC1V 7EN
- ☎ | +44 (0)20 7781 8888
- @ | www.rosewoodhotels.com/en/london

Claridge's

1920~30년대 아트 데코 스타일을 느껴볼 수 있는 곳. 메이페어에 자리한 이 호텔은 크리스마스 장식으로도 유명한데 2013, 2014년 연속으로 돌체 앤 가바나에서 크리스마스 트리 장식을 맡았다.

- ⊙ | Brook St, Mayfair, London, W1K 4HR
- ☎ | +44 (0)20 7629 8860
- @ | www.claridges.co.uk

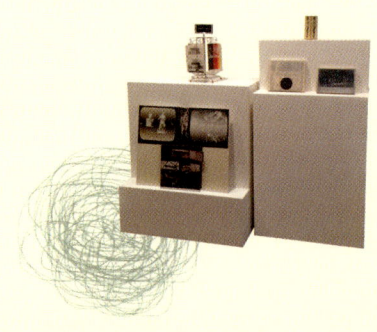

셀렉트 in 런던
두근두근 설레는 나만의 런던을 위한 특별한 여행 제안

초판 1쇄 인쇄 | 2015년 8월 20일
초판 1쇄 발행 | 2015년 9월 7일

지은이 | 안미영

펴낸이 | 심세은
편집장 | 천명애
편집진행 | 신은주
디자인 | 최윤선
영업부 | 육장석

펴낸곳 | (주)세영출판
브랜드 | 소란
등록번호 | 제300-2015-27호

주소 | 서울 종로구 자하문로 108 백악빌딩 4층
문의 | 02-737-5252
팩스 | 02-359-5885
이메일 | soranbook@naver.com
블로그 | soranbook.blog.me

ISBN 979-11-955052-9-6 03980

◆ 소란은 (주)세영출판의 단행본 브랜드입니다.
◆ 이 책은 저작권법에 따라 보호를 받는 저작물이므로 무단전재와 무단복제를 금합니다.

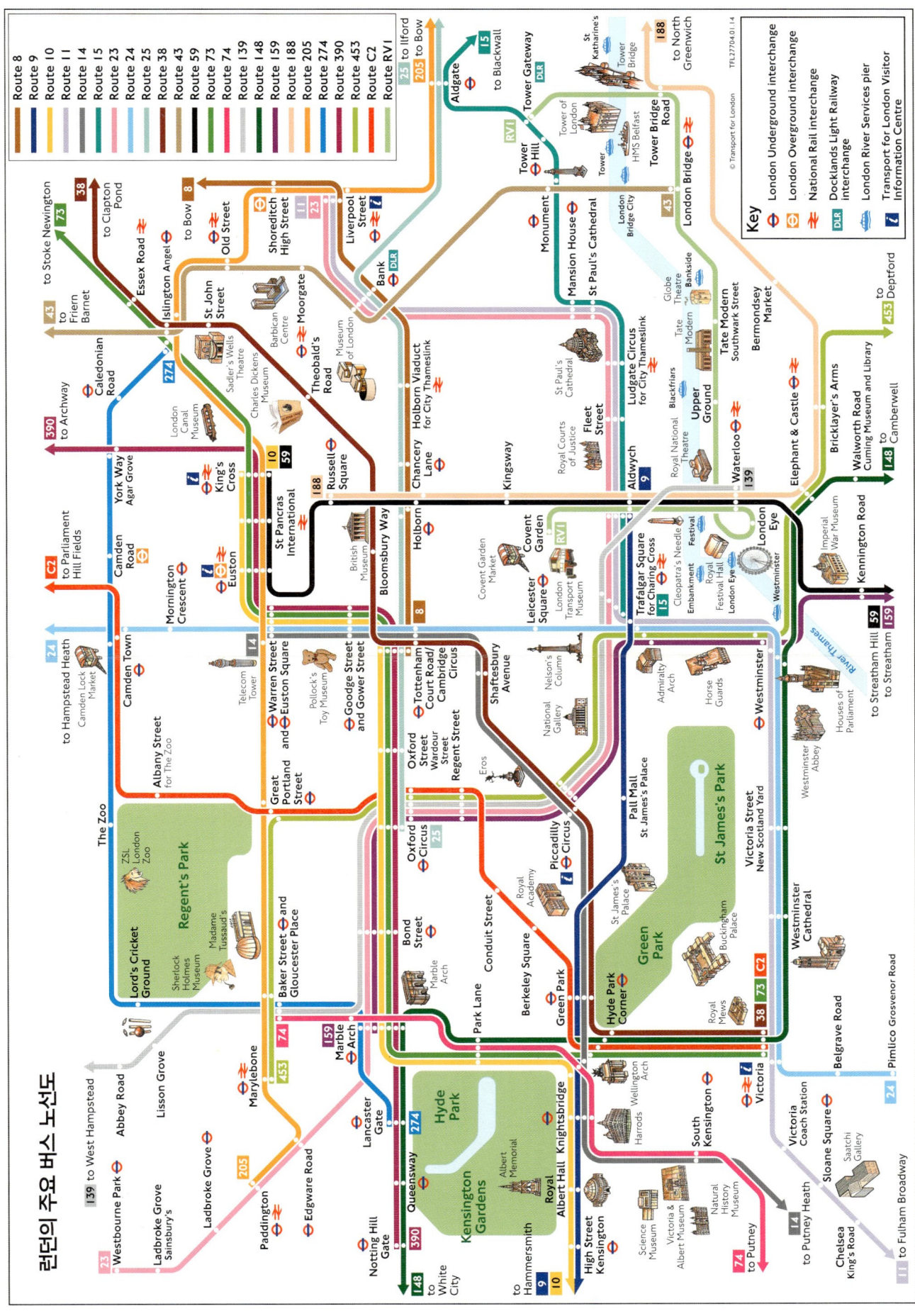

런던 지하철(튜브) 노선도